Giovanni Boccaccio

VON BERÜHMTEN FRAUEN

Bis zu seinem Tod 1375 überarbeitete Boccaccio immer wieder sein Werk «De mulieribus claris», eine Sammlung von über 100 Porträts berühmter Frauen. Charmant und mit geistreichem Witz stellt er starke Frauen wie Minerva, die Göttin der Weisheit, die Prophetin Carmenta, die Malerin Thamaris, die Rednerin Hortensia und Proba, die Dichterin, vor. Nicht immer sind sie tugendhaft, heilig erst recht nicht, aber ihnen allen ist gemeinsam, dass sie sich durch ihre Tapferkeit, ihre Geisteskräfte und ihre Beharrlichkeit in der Männerwelt durchgesetzt haben – und so sind diese eindrucksvollen Geschichten auch heute noch von großer Aktualität.

Für die vorliegende Ausgabe wurden die schönsten Texte ausgewählt und neu übersetzt sowie mit den Holzschnitten der ersten deutschen Ausgabe (1473) illustriert.

Giovanni Boccaccio

VON BERÜHMTEN FRAUEN

Ausgewählt und neu übersetzt
von Martin Hallmannsecker

Mit einem Nachwort
von Kia Vahland

C.H.BECK textura

Die Reihe *textura* wurde vom Verlag Langewiesche-Brandt (Ebenhausen bei München) begründet und wird seit dem Jahr 2010 vom Verlag C.H.Beck fortgeführt.

Mit 21 Abbildungen

© Verlag C.H.Beck oHG, München 2021
www.chbeck.de
Umschlaggestaltung: Kunst oder Reklame, München
Satz: Fotosatz Amann, Memmingen
Druck und Bindung: Pustet, Regensburg
Gedruckt auf säurefreiem, alterungsbeständigem Papier
Printed in Germany
ISBN 978 3 406 75628 3

myclimate
klimaneutral produziert
www.chbeck.de/nachhaltig

Inhalt

Prolog

Hier beginnt das Buch «Von berühmten Frauen» von Giovanni Boccaccio aus Certaldo, gewidmet Andrea Acciaiuoli* aus Florenz, Gräfin von Altavilla. Wohlan!

Bereits in der Antike verfassten einige Autoren kompendienartige Bücher über bekannte Männer. Auch in unserer Zeit schreibt der ausgezeichnete Mann und hervorragende Dichter Francesco Petrarca, mein Lehrer, ein solches Werk, wenngleich von größerem Umfang und sorgfältigerer Machart als seine Vorgänger – und das tut er mit gutem Recht. Denn Menschen, die mit voller Hingabe ihr ganzes Vermögen und, wenn es die Umstände verlangen, Leib und Leben aufs Spiel setzen, um andere durch ihre ruhmreichen Taten zu übertreffen, haben es sicherlich verdient, dass ihr Name für immer im Gedächtnis der Nachwelt bewahrt wird. Allerdings wundere ich mich darüber, dass Frauen von Schriftstellern dieses Genres so wenig beachtet wurden, dass ihnen noch nie die Gunst einer Verewigung in einer gesonderten Darstellung zuteilwurde, obwohl doch aus größeren Geschichtswerken nachweislich bekannt ist, dass einige von ihnen ebenso entschlossen und tapfer handelten. Wenn aber Männer zu preisen sind, die mit der ihnen angeborenen Stärke große Taten vollbringen, um wie viel mehr sind dann Frauen zu preisen, die doch fast alle von der Natur mit Weichheit, einem schwa-

---

* Mit Sternchen gekennzeichnete Namen und Begriffe werden am Ende des Buches erläutert.

chen Körper und einem trägen Charakter ausgestattet worden sind, wenn sie sich zu männlicher Willenskraft aufschwingen und mit rühmlichem Geist und beachtlicher Tugend Taten wagen und vollbringen, die einem Mann überaus schwerfallen? Und deshalb, damit sie nicht um ihr Verdienst gebracht werden, kam es mir in den Sinn, all jene Frauen, deren Gedächtnis bis heute fortlebt, zur Verherrlichung ihres Ruhms in einem einzigen Werk zu versammeln. Diesen will ich noch all jene hinzufügen, die berühmt wurden durch ihre Tapferkeit, ihre Geisteskräfte und ihre Beharrlichkeit, ihre natürlichen Gaben, die Gunst des Schicksals oder ein erlittenes Unrecht. Darüber hinaus möchte ich auch einige wenige andere aufnehmen, die, wenn sie auch selbst nichts Erinnerungswürdiges geleistet haben, dennoch den Anlass zu überaus großen Taten boten. Auch soll es dem Leser nicht unangemessen erscheinen, wenn er hier eine Penelope, eine Lucretia und eine Sulpicia, äußerst tugendhafte Damen, in Gesellschaft einer Medea, einer Flora und einer Sempronia oder ähnlicher Frauen sieht, die über einen großen, aber gefährlichen Geist verfügten. Denn ich will das Wort «Berühmtheit» nicht in einem so engen Sinne verstehen, dass es lediglich Tugendhaftigkeit umfassen soll. Lieber will ich es – mit der Erlaubnis meiner Leser – in einem weiteren Sinne begreifen und all jene als berühmt ansehen, von denen ich weiß, dass sie in der Welt aufgrund welcher Tat auch immer Bekanntheit erlangt haben und dass über sie gesprochen wird. Erinnere ich mich doch, auch neben berühmten Männern wie Leonidas, Scipio, Cato und Fabricius oft die überaus streitsüchtigen Gracchen, den durchtriebenen Hannibal, den Verräter Jugurtha, die mit Bürgerblut befleckten Sulla und Marius, den ebenso reichen wie geizigen Crassus und andere von diesem Schlag gesehen zu haben. Erinnerungswürdiges lobend emporzuheben und Schändliches bisweilen zu tadeln wird nicht nur die Ehrbaren zum Ruhm führen und die Feiglinge ein wenig von ihrem unglückseligen Weg abbringen, sondern meinem Büchlein auch das zurückgeben, was ihm durch die Niedertracht einiger Frauen an Anmut genommen zu werden scheint. Aus diesem Grund habe ich mich entschlossen, in die Geschichten bisweilen einige sanfte Ermahnungen zur Tugendhaftigkeit einzubauen und ihnen Anspornungen, Verbrechen zu vermeiden und zu verabscheuen, hinzuzufügen. So wird sich unbemerkt, zusammen mit der Freude an den Geschichten, auch ein heiliger Nutzen für die Gemüter meiner Leser ergeben. Und damit es nicht so aussieht, als würde ich, wie so oft üblich, viele Dinge nur oberflächlich berühren, halte ich es nicht nur für nützlich, sondern für angemessen, all jenes in längeren Geschichten auszuarbeiten, was ich aus vertrauenswürdigen Quellen in Erfahrung gebracht habe. Meiner Einschätzung nach werden sich nämlich Frauen nicht weniger als Männer an den Taten dieser Frauen erfreuen, und da sie viele dieser Geschichten vermutlich noch nicht kennen, wird eine ausführlichere Darstellung für sie nützlich und unterhaltsam zugleich sein.

Und dennoch – um darüber nicht einfach hinwegzugehen – erschien es mir besser, all diese beinahe ausschließlich heidnischen Frauen, mit Ausnahme der ersten Mutter Eva, nicht mit heiligen Jüdinnen und Christinnen zu vermischen, da sie nicht gut genug zusammenpassen und sich in unterschiedlichen Geschwindigkeiten zu bewegen scheinen. Um ewigen und wahren Ruhm zu erlangen, zwangen sich freilich auch Letztere oftmals dazu, Leiden gegen die menschliche Natur zu erdulden, in Nachahmung sowohl der Gebote als auch des Vorbilds des hochheiligsten Lehrers. Heidinnen hingegen erreichten dies durch ihre natürlichen Gaben oder ihren Instinkt, oder vielmehr angespornt von der Begierde nach jenem flüchtigen Ruhmesglanz, aber dennoch nicht ohne die Standhaftigkeit eines energischen Geistes. Und manchmal ertrugen auch sie Schlimmstes durch die Schläge des drängenden Schicksals. Außerdem leben Christinnen nicht nur glorreich in verdienter Ewigkeit in den Strahlen des wahren und unauslöschlichen Lichtes, sondern ihre Jungfräulichkeit, ihre Keuschheit, ihre Heiligkeit, ihre Tugend und ihre unbesiegbare Standhaftigkeit, sowohl fleischliche Begierden als auch die ihnen von Tyrannen zugefügten Qualen zu überwinden, werden bekanntermaßen – ganz so, wie es ihren Verdiensten angemessen ist – in eigenen Werken von frommen Männern beschrieben, die sich als Kenner der heiligen Schriften mit ehrwürdiger Autorität ausgezeichnet haben. Wir aber machen uns nun – gewissermaßen als eine Art Wiedergutmachung – ans Werk, auch das Verdienst der anderen Frauen zu beschreiben, das – wie bereits gesagt – noch nie in einer eigenen Veröffentlichung dargelegt wurde. Gott selbst, der Vater aller Dinge, möge diesem wahrhaft frommen Werk gnädig sein und als Beschützer dieser begonnenen Mühe gewähren, dass ich das, was ich schreiben werde, zu seinem Lob verfasse.

Von Eva,
der ersten Mutter

Wenn nun davon zu schreiben ist, durch welche Ruhmestaten außergewöhnliche Frauen Berühmtheit erlangten, wird es nicht unangemessen erscheinen, mit der Mutter aller Menschen zu beginnen: Sie war in der Tat die älteste Mutter, und wie sie die erste war, so zeichnete sie sich durch besondere Vortrefflichkeit aus. Denn nicht wurde sie in diesem trübseligen Jammertal erschaffen, in dem wir anderen Sterblichen uns zu mühen geboren werden, noch wurde sie auch mit demselben Hammer und Amboss gefertigt oder trat heulend und die Schuld des Geborenwerdens beklagend oder schwach wie alle anderen ins Leben. Ja, ihr widerfuhr, was keinem anderen Menschen jemals wieder zuteilwerden sollte: Nachdem der höchste Schöpfer aller Dinge bereits Adam mit eigener Hand aus schlammiger Erde geformt hatte und ihn von dem Feld, dem später der Name «Damaszenisches» gegeben wurde, in den Garten der Genüsse gebracht und ihn in sanften Schlaf versetzt hatte, zog er sie mit nur ihm bekannter Kunstfertigkeit aus der Flanke des Schlafenden, ihrer selbst mächtig, bereit für den Mann, voller Freude über die Lieblichkeit des Ortes und den Anblick ihres Schöpfers, unsterblich, Herrin aller Dinge und Gefährtin des schon wachen Mannes, und von diesem wurde sie auch Eva genannt.

Was könnte einem bei seiner Geburt je Größeres oder Herrlicheres widerfahren? Außerdem können wir glauben, dass sie von bewundernswerter Schönheit war. Denn was wurde je von Gottes Finger erschaffen, das nicht alles andere an Schönheit überträfe? Und auch wenn diese Schönheit im Alter vergehen oder mitten in der Blüte des Lebens wegen des Ausbruchs einer Krankheit verwelken mag, ist es dennoch nicht unangemessen, sie jetzt und auf den folgenden Seiten als besonderen Glanzpunkt unter den Gründen für die Berühmtheit von Frauen anzuführen, da doch die Frauen selbst sie zu ihren besonderen Vorzügen zählen und ihretwegen, durch das unüberlegte Urteil der Sterblichen, schon unzählige Male Ruhm erlangten.

Während Eva, die außerdem zur Bürgerin des Paradieses gemacht wurde – durch ihre Abstammung ebenso dazu berechtigt wie durch ihren Aufenthalt dort –, von einem uns unbekannten Glanz umgeben mit ihrem Mann ausgiebig die Freuden des Ortes genoss, flößte ihr der Feind, der sie um ihr Glück beneidete, mit für sie schändlichen Ratschlägen den Gedanken ein, dass sie größeren Ruhm erlangen könne, wenn sie sich dem einzigen Gebot widersetzte, das ihr von Gott auferlegt worden war. Mit weiblichem Leichtsinn, mehr als ihr und uns zuträglich war, schenkte sie ihm Glauben und meinte törichterweise, sich zu Höherem aufschwingen zu können. Zuerst unterwarf sie ihren beeinflussbaren Mann mit schmeichelnden Einflüsterungen ihrem Willen, und gegen das Gebot kosteten sie dann die Früchte vom Baum von Gut und Böse und vertrieben durch dieses unüberlegte Wagnis sich und ihr ganzes künftiges Geschlecht aus Ruhe und Ewigkeit zu sorgenvollen Mühen und erbärmlichem Tod, aus der lieblichen Heimat zu Dornen, Äckern und Felsen. Denn als das schimmernde Licht, in dem sie wandelten, verlosch, tadelte sie ihr erzürnter Schöpfer und sie wurden aus dem Ort der Freuden ausgestoßen und kamen, nun mit Lendenschurzen umgürtet, als Verbannte zu den Feldern von Hebron. Dort erfand – wie einige glauben – die außergewöhnliche Frau, die durch diese Taten berühmt wurde, als Erste das Spinnen mit dem Spinnrocken, während ihr Mann die Erde mit der Hacke umgrub. Oftmals erfuhr sie die Schmerzen des Gebärens, und ähnlich Schlimmes durchlitt sie durch die Qualen, von denen das Gemüt beim Tod der eigenen Kinder oder Enkel geplagt wird. Ausgelaugt von den Strapazen der Arbeit – um von Kälte, Hitze und den anderen Beschwerlichkeiten ganz zu schweigen – erreichte sie ein hohes Alter, um schließlich zu sterben.

Von Semiramis,
der Königin der Assyrer

Semiramis war vor sehr langer Zeit eine berühmte Königin der Assyrer. Die Namen ihrer Eltern gingen im Lauf der vielen Jahre verloren, einige antike Autoren machten sie jedoch zur Tochter des Neptun, von dem wiederum sie in ihrer abwegigen Leichtgläubigkeit behaupteten, er sei ein Sohn des Saturn* und der Gott des Meeres. Auch wenn das nicht glaubwürdig ist, so ist es doch ein Hinweis darauf, dass sie aus vornehmem Hause stammte. Sie heiratete Ninos, den ruhmreichen König der Assyrer, und zeugte mit ihm Ninias, ihren einzigen Sohn. Als Ninos, der ganz Asien und zuletzt Baktrien* unterjocht hatte, durch einen Pfeilschuss getötet wurde, war sie noch eine junge Frau und ihr Sohn ein kleines Kind. Sie erachtete es als äußerst unvernünftig, die Zügel eines so großen neu geschaffenen Reiches einem Knaben von so zartem Alter anzuvertrauen, und besaß selbst ein so kühnes Gemüt, dass sie als Frau es wagte, mit Geschick und Verstand jene Völker zu regieren, die ein harter Mann mit Waffen unterworfen und mit Gewalt bezwungen hatte. Mit weiblicher List ersann sie eine gewaltige Täuschung und führte zuerst das Heer ihres verstorbenen Gatten hinters Licht. Semiramis sah nämlich ihrem Sohn von den Gesichtszügen her äußerst ähnlich, was nicht weiter verwunderlich ist: Beide hatten nackte Wangen, und die Stimme der Frau klang aufgrund seines Alters nicht anders als die des Knaben; auch unterschied sich ihre Körpergröße nicht oder nur geringfügig von der ihres Sohnes. Sie machte sich diese Ähnlichkeit zunutze, bedeckte ihr Haupt mit einem Turban und verhüllte ihre Arme und Beine mit Gewändern, damit ihr Betrug nicht entdeckt und sie bei ihrem Vorhaben nicht gehindert werde. Da dies bei den Assyrern bis dahin ungewöhnlich war, befahl sie, dass das ganze Volk ein ähnliches Gewand tragen sollte, damit sich ihre Untertanen nicht über die Neuartigkeit dieser Kleidung wunderten. So gab sich die ehemalige Gattin des Ninos als sein Sohn aus, die Frau als Knabe, übernahm mit erstaunlicher Umsicht die königliche Herrschaft und bewahrte diese ebenso wie die Disziplin im Heer. Sie verbarg ihr Geschlecht und vollbrachte viele große Taten, die auch den stärksten Männern zur Ehre gereicht hätten. Sie scheute keine Mühe und schreckte vor keiner Gefahr zurück, und nachdem sie durch ihre beispiellosen Taten die Missgunst aller zum Schweigen gebracht hatte, hegte sie keinerlei Bedenken mehr, zu enthüllen, wer sie sei und was sie mit weiblicher List vorgetäuscht hatte, als wollte sie allen vor Augen führen, dass es beim Herrschen nicht auf das Geschlecht, sondern auf den Charakter ankommt. Dies sorgte bei all jenen, die davon erfuhren, für ebenso viel Bewunderung, wie es das Ansehen und den Ruhm der Semiramis vermehrte.

Wir wollen uns nun ihre Taten ein wenig ausführlicher vor Augen führen: Nach ihrer glorreichen Täuschung griff sie mit männlichem Mut zu den Waffen und bewahrte nicht nur das Reich, das ihr Mann geschaffen hatte, sondern fügte ihm auch noch Äthiopien hinzu, das sie zu einem heftigen Krieg herausforderte und bezwang. Von dort richtete sie ihre gewaltigen Streitkräfte auch gegen Indien, wohin außer ihrem Mann noch nie jemand vorgedrungen war. Darüber hinaus baute sie Babylon wieder auf, jene uralte Gründung Nimrods[*] und einst eine riesige Stadt im Gebiet von Senaar[*], und umgab es mit Mauern aus gebrannten Lehmziegeln, die durch eine Mischung aus Sand, Pech und Teer zusammengehalten wurden. Diese Mauern waren aufgrund ihrer Höhe, ihrer Dicke und ihres enorm langen Umfangs außerordentlich bewundernswert.

Um nun aus der Menge ihrer großen Taten eine besonders erinnerungswürdige hervorzuheben, die als gesicherte Tatsache dargestellt wird: Als sie sich einmal in Zeiten des Friedens und der ruhigen Muße in Gesellschaft ihrer Dienerinnen mit weiblicher Kunstfertigkeit die Haare frisierte und nach den Gepflogenheiten ihres Landes in Zöpfe flocht, geschah es, dass ihr während des Flechtens gemeldet wurde, dass Babylon zu ihrem Stiefsohn übergelaufen sei. Das erregte sie so sehr, dass sie den Kamm fortwarf, erzürnt von dieser Frauentätigkeit aufsprang, eilig zu den Waffen griff und mit ihren versammelten Truppen die starke Stadt belagerte. Und nicht eher brachte sie ihre halbfertige Frisur in Ordnung, als bis sie die überaus mächtige Stadt durch eine lange Belagerung zermürbt, sie zur Kapitulation gezwungen und mit Waffengewalt wieder unter ihre Herrschaft gebracht hatte. Von dieser hochgesinnten Tat zeugte noch lange eine riesige Bronzestatue, die in Babylon errichtet wurde und eine Frau darstellte, deren Haare auf einer Seite offen und auf der anderen zu Zöpfen geflochten waren. Sie gründete auch viele Städte und vollbrachte Großes, von dem jedoch das meiste im Laufe der Zeit unterging, sodass in Bezug auf ihre Verdienste beinahe nichts, außer das bereits Erwähnte, auf uns gekommen ist.

All diese wunderbaren, lobenswerten und der ewigen Erinnerung würdigen Dinge, die auch bei einem tatkräftigen Mann und umso mehr bei einer Frau zu rühmen sind, behaftete Semiramis jedoch mit dem Makel der schamlosen Verführung. Denn die Unglückliche brannte wie andere Frauen in beinahe permanenter Wollust, und man glaubt, dass sie mit vielen Männern Sex hatte. Zu diesen Ehebrechern zählte auch – was mehr tierisch als menschlich ist – ihr Sohn Ninias, ein Jüngling von herausragender Schönheit, der, als hätte er mit seiner Mutter das Geschlecht getauscht, untätig im Bett herumlungerte, während sie sich im Kampf gegen ihre Feinde abmühte. Oh, frevelhafte Tat! Von Friedenszeiten ganz zu schweigen regt die unheilvolle Wollust, ohne Rücksicht auf die Umstände, ihre Schwingen auch während sorgenvoller Regierungsgeschäfte, in grausamen Schlachten und, was wirklich ungeheuerlich ist, inmitten unter tränenvollen Klagen von Verbannten. Schleichend nistet sie sich in unvorsichtigen Gemütern ein, zieht sie an den Abgrund und besudelt jegliche Würde mit einem hässlichen Schandfleck. Auch Semiramis war davon gezeichnet, glaubte jedoch in ihrer Gerissenheit den Makel ihrer Liederlichkeit aus dem Weg räumen zu können, indem sie – wie erzählt wird – jenes berüchtigte Gesetz erließ, das ihren Untertanen erlaubte, in Liebesdingen alles zu tun, was ihnen beliebte. Aus Angst, ihre Dienerinnen könnten sie um den Beischlaf mit ihrem Sohn bringen, erfand sie einigen Autoren zufolge den Keuschheitsgürtel, mit dem sie alle Frauen am Hof unter Verschluss hielt. Einigen Berichten zufolge ist das bei den Ägyptern und Afrikanern immer noch üblich. Andere schreiben, dass sie in Verlangen nach ihrem Sohn entbrannte und ihn in ihre Arme locken wollte, als der schon etwas älter war, und dass sie von ihm umgebracht wurde, nachdem sie zweiunddreißig Jahre lang geherrscht hatte. Andere Autoren wiederum bestreiten dies und behaupten, sie habe Wollust und Grausamkeit in sich vereint und pflegte jene Männer, die sie zu sich rief, um ihr brennendes Verlangen zu stillen, unmittelbar nach dem Beischlaf töten zu lassen, um ihre Machenschaften zu verbergen. Bisweilen soll sie dabei jedoch schwanger geworden und ihre Unzucht bei der Geburt offenbar geworden sein. Um sich von jeglicher Schuld freizusprechen, soll sie dann jenes berühmte Gesetz erlassen haben, das zuvor erwähnt wurde. Auch wenn sie ihr abgeschmacktes Verbrechen so scheinbar ein wenig verschleierte, konnte sie den Zorn ihres Sohnes keineswegs besänftigen. Sei es nun, dass er es nicht ertrug zu sehen, wie andere Männer Anteil an ihrer Zuchtlosigkeit hatten, die er für sich allein beanspruchte, sei es, dass er sich für die Ausschweifungen seiner Mutter schämte oder dass er fürchtete, es könnte ein weiteres Kind als möglicher Thronfolger geboren werden – er beseitigte wütend die verführerische Königin.

Von Minerva

Minerva – auch Pallas genannt – war eine Jungfrau von solch herausragendem Ruhm, dass die einfältigen Menschen dachten, sie könne nicht von sterblicher Abstammung sein. Man erzählt, dass sie in der Zeit von König Ogyges* beim Tritonischen See*, unweit der Bucht der Kleinen Syrte*, zum ersten Mal auf der Erde erblickt und erkannt wurde. Und da man sie im Laufe der Zeit nie zuvor Gesehenes vollbringen sah, glaubte man nicht nur bei den unzivilisierten Afrikanern, sondern auch bei den Griechen, die zu jener Zeit alle anderen an Urteilsvermögen übertrafen, dass sie ohne Mutter aus dem Gehirn des Jupiter geboren worden und vom Himmel herabgefallen sei. Diesem lächerlichen Irrtum wurde umso mehr Glauben geschenkt, da man sonst nichts über ihre Herkunft wusste. Vor allem wurde behauptet, dass sie in der Blüte ewiger Jungfräulichkeit lebte, und um dies glaubhafter zu machen, erfand man die Geschichte, dass Vulkan, der Gott des Feuers, sprich das Brennen der fleischlichen Begierde, lange mit ihr rang und schließlich von ihr besiegt wurde. Darüber hinaus behauptete man, dass die Wollverarbeitung ihre Erfindung gewesen sei, die zuvor bei den Menschen unbekannt gewesen war. Sie habe ihnen gezeigt, wie die Wolle, nachdem sie gereinigt und mit Eisenkämmen weich gemacht worden ist, um den Spinnrocken gelegt und schließlich mit den Fingern zu einem Faden gesponnen wird. So habe sie auch die Webkunst erfunden und gelehrt, wie die Fäden abwechselnd miteinander verknüpft und mit dem Kamm zusammengeschoben werden und wie das Gewebe durch Stampfen mit den Füßen gestärkt wird. Zum Lob ihres Wirkens wird jener berühmte Wettstreit zwischen ihr und Arachne aus Kolophon* angeführt. Daneben entdeckte sie auch das Olivenöl, wovon die Sterblichen bis dahin ebenfalls noch nie gehört hatten, und lehrte die Athener, wie man Oliven mit einem Mahlstein zerkleinerte und mit einer Ölpresse auspresste. Man glaubte, dass sie gegen Neptun den Sieg davontrug und Athen nach ihr benannt wurde, weil die Athener diese Erfindung als überaus nützlich betrachteten. Es wird auch behauptet, es sei ihr Werk gewesen, nachdem sie bereits als Erste den Einsatz der Quadriga erfunden hatte, Eisen kunstvoll in Waffen zu verwandeln, den Körper mit diesen Waffen zu schützen, Heere in Schlachtordnung aufzustellen und alle Gebote zu lehren, die man in der Schlacht beachten sollte.

Man sagte des Weiteren, sie habe die Zahlen erfunden und sie in die Reihenfolge gebracht, die wir bis heute immer noch verwenden. Außerdem glaubte man, dass sie als Erste aus den Fußknochen irgendeines Vogels, oder wohl eher aus Schilfrohr, die Flöte oder Schalmei gebaut, diese jedoch aus dem

Himmel auf die Erde hinabgeschleudert habe, da sie beim Spielen ihre Backen aufblähte und dadurch ihr Gesicht entstellt wurde.

Aber wozu viele Worte? Wegen dieser Vielzahl von Erfindungen machte sie die Antike, diese großzügige Gewährerin von Göttlichkeit, zur Göttin der Weisheit. Aus diesem Grund wurden die Athener nach ihr benannt. Und da diese Stadt einen natürlichen Hang zu jenen Beschäftigungen zu haben schien, durch die man verständig und weise wird, nahmen sie sie zu ihrer Patronin und weihten ihr ihre Zitadelle, errichteten dort einen riesigen Tempel, weihten diesen ihrer Göttlichkeit und stellten in ihm ein Bildnis von ihr auf: mit finsterem Blick, da man nur selten wissen kann, in welche Richtung die Absicht eines Weisen geht; mit einem Helm, womit sie darstellen wollten, dass die Überlegungen der Weisen verborgen und gut geschützt sind; mit einem Brustpanzer, da der Weise stets gegen jeglichen Schicksalsschlag gewappnet ist; mit einem sehr langen Speer bewaffnet, um zum Ausdruck zu bringen, dass die Geschosse des Weisen von großer Reichweite sind; außerdem geschützt durch einen kristallenen Schild, auf dem das Haupt der Gorgo befestigt war, womit sie darstellten, dass dem Weisen alles Verborgene sichtbar ist und dass Weise stets mit einer solch schlangenhaften Klugheit ausgestattet sind, dass Unwissende bei ihrem Anblick zu Stein zu werden scheinen; sie gaben ihr auch die Eule als Attribut, um zu zeigen, dass kluge Menschen sowohl im Licht als auch in der Dunkelheit sehen. Schließlich hatten sich der Ruhm dieser Frau und ihre Verehrung als Göttin, befördert durch den Irrtum der Menschen in der Antike, so weit verbreitet, dass in beinahe der ganzen Welt ihr zu Ehren Tempel erbaut und Feste gefeiert wurden. Das ging sogar so weit, dass ihr auf dem Kapitol in Rom ein Heiligtum neben dem des Jupiter Optimus Maximus geweiht wurde und sie zu den höchsten Göttern der Römer gezählt und als Göttin auf eine Stufe mit Juno Regina gestellt wurde.

Es gibt jedoch einige überaus bedeutende Männer, die behaupten, dass die oben genannten Erfindungen nicht von einer einzigen Minerva stammen, sondern von mehreren. Und ich stimme ihnen da gerne zu, da sich dadurch die Anzahl von berühmten Frauen noch weiter erhöht.

Von Medea,
der Königin der Kolcher

Medea, das grimmigste Beispiel aus der Antike für Niedertracht, war die Tochter des Aietes, eines berühmten Königs der Kolcher, und seiner Gattin Perse. Sie war ziemlich gutaussehend und verfügte über tiefgehende Kenntnisse der Hexerei. Von welchem Lehrer auch immer sie unterrichtet worden war, sie war so gut mit den Wirkungskräften der Kräuter vertraut wie niemand anderes. Sie wusste genau, mit welchen Zaubersprüchen man den Himmel in Aufruhr versetzte, die Winde aus ihrer Höhle rief, Gewitter heraufbeschwor, den Lauf von Flüssen zum Stehen brachte, Zaubertränke herstellte, Flammen für eine Brandstiftung erzeugte und alle solche Dinge zustande brachte. Und – was weitaus schlimmer ist – ihr Geist stand mit diesen Künsten im Einklang, denn wenn diese einmal versagten, griff sie ohne Bedenken zum Schwert.

Der Thessaler Jason, zu dieser Zeit ein junger Mann von herausragender Tugendhaftigkeit, wurde von seinem Onkel Pelias, der einen Anschlag auf seine Rechtschaffenheit plante, unter dem Vorwand einer äußerst ruhmträchtigen Expedition nach Kolchis geschickt, um das Goldene Vlies zu stehlen. Medea war ganz und gar von seinen Vorzügen eingenommen und verliebte sich inbrünstig in ihn. Um seine Gunst zu gewinnen, nutzte sie einen Aufstand der Einwohner von Kolchis dazu, ihren Vater in einen Krieg zu verwickeln und Jason so die Gelegenheit zu geben, seinen Auftrag zu erfüllen. Welcher vernünftige Mensch hätte es je für möglich gehalten, dass ein einziger Blick den Ruin eines so großartigen Königs nach sich ziehen könnte? Nachdem sie diese Untat ausgeführt und sich die Umarmung des geliebten Jünglings verdient hatte, raffte sie alle Reichtümer ihres Vaters zusammen und ergriff heimlich mit Jason die Flucht. Doch gab sie sich mit diesem großen Verbrechen nicht zufrieden und richtete ihren furchtbaren Sinn auf noch Schlimmeres. Sie war davon überzeugt, dass Aietes die Fliehenden verfolgen würde. Da er dabei auch die Insel Tomithania im Fluss Phasis würde überqueren müssen, ließ sie, um ihn aufzuhalten, ihren kleinen Bruder Absyrtos oder Aigialeus, den sie zu diesem Zweck als Gefährten auf ihre Flucht mitgenommen hatte, niedermetzeln und seine Gliedmaßen überall auf den Feldern der Insel verstreuen. So wollte sie sich genügend Zeit für ihre Flucht verschaffen, während ihr erbarmungswürdiger Vater die verstreuten Leichenteile einsammelte, sie beweinte und bestattete. Und sie täuschte sich nicht mit ihrer Annahme, denn genau so geschah es. Als sie schließlich nach vielen Irrwegen mit Jason nach Thessalien kam, freute sich ihr Schwiegervater Aison so sehr über die Rückkehr seines Sohnes sowie über den errungenen Sieg, die Beute und die erlauchte Gattin, dass er wieder zu blühendem Leben zu erwachen schien. Um Jason die Herrschaft zu verschaffen, säte Medea mithilfe ihrer Künste Zwietracht zwischen Pelias und seinen Töchtern und brachte diese auf schändliche Weise gegen den eigenen Vater auf.

Nach einigen Jahren wurde sie Jason dann aber lästig, der an ihrer Stelle Kreusa, die Tochter Kreons, des Königs von Korinth, zur Frau nahm. Ungehalten und bebend vor Wut ersann Medea viele Anschläge gegen Jason und ging sogar so weit, Kreusa und den ganzen Palast Kreons durch ihre Zauberkräfte in Flammen aufgehen zu lassen. Auch musste Jason mit ansehen, wie sie ihre gemeinsamen Söhne abschlachtete und nach Athen floh. Dort heiratete sie König Aigeus und hatte mit ihm einen Sohn, den sie nach sich selbst Medos nannte. Da sie dann vergeblich versuchte, Aigeus' Sohn Theseus nach dessen Rückkehr zu vergiften, musste sie zum dritten Mal die Flucht ergreifen. Sie versöhnte sich wieder mit Jason, wurde jedoch zusammen mit ihm von Pelias' Sohn Aigialeus aus Thessalien vertrieben. Daraufhin kehrte sie in ihre Heimat Kolchis zurück, wo sie ihrem alten Vater dabei half, aus dem Exil zurückzukehren und die Herrschaft zurückzugewinnen. Was sie danach unternahm, unter welchem Himmel und auf welche Weise sie ihr Leben endete, erinnere ich mich nicht, gelesen oder gehört zu haben.

Aber, um das nicht ungesagt zu lassen, man darf den Augen nicht jegliche Freiheit zugestehen. Denn durch deren Blicke lernen wir den Luxus kennen, lassen den Neid herein und locken sämtliche Begierden an. Ihr Schauen ruft Habgier hervor, lässt uns nur die Schönheit preisen und Hässlichkeit und Armut zu Unrecht missbilligen. Da sie unverständige

Richter sind und nur den Oberflächen der Dinge Glauben schenken, entscheiden sie sich oft für Niederträchtiges anstatt für Heiliges, für Erfundenes anstatt für Wahrheit und für Angst anstatt für Freude. Und während sie uns schändliche Dinge und die Freuden des Augenblicks schmackhaft machen, beschmutzen sie unsere Seelen bisweilen mit hässlichen Schandflecken. Diese Unwissenden werden von Schönheit – auch von anstößiger –, von zügellosen Gebärden und von jugendlichem Leichtsinn mit Widerhaken gepackt, angezogen, ergriffen und festgehalten. Und da sie die Tore der Seele sind, schickt die Lust durch sie ihre Boten ins Gehirn, stößt das Verlangen durch sie seine Seufzer aus und entzündet unsichtbares Feuer, entsendet das Herz durch sie sein Stöhnen und lässt seine verführerischen Leidenschaften sichtbar werden. Wenn man bei rechtem Verstand wäre, würde man sie schließen, zum Himmel erheben oder zur Erde hinab richten. Dazwischen gibt es für sie keinen sicheren Pfad. Wenn man das dennoch fertigbringen will, müssen sie streng gezügelt werden, damit sie sich nicht gehen lassen. Die Natur hat sie nicht deshalb mit Toren ausgestattet, damit sie diese zum Schlafen schließen können, sondern damit sie schädlichen Dingen trotzen können. Hätte die mächtige Medea sie geschlossen oder anderswohin gerichtet, anstatt begierig auf Jason zu blicken, hätten die Macht ihres Vaters, das Leben ihres Bruders und die unangetastete Würde ihrer Jungfräulichkeit länger fortbestanden: All dies ging durch die Schamlosigkeit ihrer Augen zugrunde.

Von Medusa,
der Tochter des Phorkys

Medusa war die Erbin und Tochter des sagenhaft reichen Königs Phorkys, dessen herrliches Reich im Atlantischen Ozean
lag, wobei einige Autoren meinen, dass es sich dabei um die
Inseln der Hesperiden handelte. Wenn wir den antiken Autoren Glauben schenken können, war Medusa von so bewundernswerter Schönheit, dass sie nicht nur alle anderen Frauen
darin übertraf, sondern, beinahe wie ein übernatürliches
Wunder, die Blicke der meisten Männer auf sich zog. Sie hatte
dichtes goldenes Haar, außergewöhnlich wohlgeformte Ge-
sichtszüge und war von schlanker, erhabener Gestalt. Darüber
hinaus besaßen ihre Augen eine so große Kraft und Gefälligkeit, dass sie jene Personen, die sie freundlich anblickte, beinahe unbeweglich und ihrer selbst nicht mehr bewusst werden ließ. Außerdem behaupten einige, sie sei eine große

Kennerin der Landwirtschaft gewesen, wovon sich ihr Beiname Gorgo ableitete. Durch diese Kenntnisse bewahrte sie nicht nur die väterlichen Reichtümer mit bewundernswerter Klugheit, sondern vermehrte sie ins Unermessliche, sodass ihre Bekannten der Meinung waren, sie überträfe mit ihren Schätzen alle Könige des Westens.

Der Ruf ihrer außergewöhnlichen Schönheit, aber auch ihres Reichtums und ihrer Weisheit gelangte bis in die fernsten Länder, unter anderem auch zu den Argivern. Einer von diesen war Perseus, der glänzendste der achäischen Jünglinge, und als dieser von all jenen Dingen erfuhr, ergriff ihn das Verlangen, die wunderschöne Frau zu sehen und ihre Schätze in seinen Besitz zu bringen. So bestieg er ein Schiff, dessen Abzeichen das Pferd Pegasus war, und gelangte mit unglaublicher Geschwindigkeit in den Westen. Dort bemächtigte er sich mit Umsicht und Waffengewalt sowohl der Königin als auch des Goldes und kehrte anschließend mit reicher Beute zu den Seinen zurück. Daraus machte die Fantasie der Dichter die Geschichte, dass die Gorgone Medusa all jene zu Stein erstarren ließ, die sie anblickten, dass ihre Haare durch den Zorn der Minerva in Schlangen verwandelt worden seien, da sie deren Tempel durch ihren Beischlaf mit Neptun geschändet habe, dass aus dieser Verbindung Pegasus gezeugt worden sei und dass Perseus auf einem geflügelten Pferd in ihr Reich geflogen sei und sie mithilfe der Ägis, des Schildes der Pallas, bezwungen habe.

Unheilvoll ist der Besitz von Gold: Wenn es verborgen ist, nützt es seinem Besitzer in keiner Weise. Wenn es offen glänzt, weckt es tausend Intrigen der Begierigen. Und selbst wenn die Hände der Gewalttätigen ruhen, hören die angstvollen Sorgen seines Besitzers nicht auf. Seine Seelenruhe ist dahin, er wird um seinen Schlaf gebracht, Angst ergreift ihn, sein Vertrauen schwindet, seine Verdächtigungen vermehren sich, kurz gesagt, dem Elenden wird jeglicher Lebensgenuss verwehrt. Wenn der Geldgierige durch irgendeinen Zufall in den Ruin getrieben wird, wird er als armer Mann von seinen Sorgen zerfleischt, während der Freigebige ihn glücklich preist, der Neider ihn verspottet, der Mittellose ihn tröstet und das gemeine Volk die Geschichte des Jammernden besingt.

Von Nikostrata oder Carmenta,
der Tochter von König Ionios

Nikostrata, die bei den Italern später Carmenta genannt wurde, war die Tochter von Ionios, dem König der Arkader. Einigen Quellen zufolge heiratete sie den Arkader Pallas, anderen zufolge war sie dessen Schwiegertochter. Berühmt war sie nicht nur wegen ihrer vortrefflichen Herrschaft, sie verfügte auch über ausgezeichnete Kenntnisse des Griechischen und ihr Intellekt war so vielseitig, dass sie mit stets wachsamem Eifer die Kunst des Weissagens erlernte und zu einer weithin bekannten Prophetin wurde. Da sie die Zukunft bisweilen in Versform (*carmen*) vorhersagte – auf Anfrage und aus eigenem Antrieb –, wurde sie von den Latinern Carmenta genannt, und ihr alter Name Nikostrata geriet beinahe in Vergessenheit. Sie war auch die Mutter des Euandros, des Königs der Arkader, den die alten Sagen zum Sohn des Merkur machen, sei es aufgrund seiner Eloquenz oder seiner Gerissenheit. Einigen Quellen zufolge wurde er aus dem Reich seiner Vorfahren verstoßen, weil er versehentlich seinen wirklichen Vater getötet hatte, anderen zufolge war es aus einem anderen Grund zu einem Aufstand seiner Untertanen gekommen. Auf Anraten seiner Mutter Carmenta, die ihm Großes prophezeite, wenn er dorthin ziehen würde, wohin sie ihn wies, segelte er mit ihr als Reisegefährtin und einem Teil seines Volkes von der Peloponnes zur Mündung des Tiber, wobei ihm die Winde günstig waren. Seine Mutter führte ihn auf den nach seinem Vater oder seinem Sohn Pallas benannten Palatin-Hügel, und dort, wo später das große Rom gegründet werden sollte, ließ er sich mit seinen Leuten und seiner Mutter nieder und errichtete die Festung Pallanteum.

Carmenta sah, dass die Eingeborenen beinahe noch Wilde waren, auch wenn sie schon vor langer Zeit von Saturn*, der dorthin geflüchtet war, gelernt hatten, Getreide anzubauen. Auch des Schreibens waren sie nicht oder nur wenig mächtig, und wenn, dann verwendeten sie das griechische Alphabet. Durch ihre göttliche Vorhersehungsgabe erkannte sie, welch großen Ruhm die Zukunft für diesen Ort und diese Region bereithielt. Und da sie es für unwürdig erachtete, dass deren große Taten künftigen Generationen in einer fremden Sprache erzählt werden sollten, machte sie sich mit der ganzen Kraft ihres Genies daran, diesem Volk ein eigenes Alphabet zu geben, das völlig anders war als das eines jeden anderen Volks. Und Gott versagte diesem Unterfangen seinen Segen nicht. Durch seine Gnade erfand sie neue Zeichen für die italische Sprache und lehrte auch, wie man sie verbinden konnte. Dabei begnügte sie sich mit sechzehn Buchstaben, ebenso viele, wie Kadmos, der Gründer Thebens, lange Zeit vor ihr für die Griechen geschaffen hatte. Das Alphabet, das wir bis heute das lateinische nennen, haben wir ihr zu verdanken. Im Laufe der Zeit fügten gewisse Gelehrte zwar nützlicherweise einige Buchstaben hinzu, von den ursprünglichen wurde jedoch keiner je entfernt. Auch wenn die Latiner dieser Frau schon aufgrund ihrer Prophezeiungen große Bewunderung entgegengebracht hatten, so war es doch diese Erfindung, die als so erstaunlich angesehen wurde, dass einige unkultivierte Personen wirklich glaubten, Carmenta sei kein Mensch, sondern vielmehr eine Göttin. Aus diesem Grund verherrlichten diese sie zu Lebzeiten wie eine Göttin, und nach ihrem Tod errichteten sie ihr zu Ehren am untersten Teil des Kapitolinischen Hügels, wo sie gelebt hatte, einen Schrein. Die angrenzende Gegend nannten sie nach ihr «Carmentalis», um die Erinnerung an sie für immer lebendig zu halten. Selbst als Rom bereits zu Größe gelangt war, durfte dieser Schrein nicht zerstört werden. Ja, man nannte sogar ein Stadttor, das dort von den Bürgern errichtet wurde, als es die Umstände erforderten, nach Carmenta über Jahrhunderte hinweg «Porta Carmentalis».

Aufgrund seiner vielen Vorzüge blühte Italien damals mehr auf als andere Weltgegenden und war vom Schimmer eines beinahe himmlischen Lichts erfüllt. Doch lag der Ursprung dieses herrlichen Glanzes nicht allein unter dem Himmel Italiens. Denn aus Asien trafen Reichtümer und königliche Luxusgüter ein, und adeliges Blut kam zuerst von den Trojanern, auch wenn die Griechen viel hinzugefügt haben. Die Ägypter brachten die Künste der Arithmetik und der Geometrie. Von den Griechen wiederum wurden Philosophie, Rhetorik und so gut wie jede technische Kunstfertigkeit übernommen. Die Landwirtschaft, die bis dahin nur wenigen bekannt war, wurde von dem Exilanten Saturn eingeführt. Der unselige Götterkult stammte von den Etruskern und von Numa Pompilius*. Öffentliche Gesetze kamen zuerst aus Athen, dann wurden sie auch vom Senat und von den Kaisern beschlossen. Das höchste Priesteramt und den wahren Glauben brachte Simon Petrus aus Jerusalem. Die Kunst der Kriegsführung hatten schon die alten Römer erfunden, durch deren Hilfe – sowie durch die Stärke ihrer Waffen und Körper und durch ihre völlige Hingabe an das Staatswesen – sie die Herrschaft über die ganze Welt erlangten.

Aus dem bisher Gesagten geht klar hervor, dass Carmenta unseren Vorfahren die Buchstaben des Alphabets brachte, nachdem sie von einer Arkaderin zu einer Italikerin geworden war. So soll sie auch den ersten Keim für die Beschäftigung mit der Grammatik gesät haben, welche von den antiken Schriftstellern im Laufe der Zeit umfangreich behandelt wurde. Gott war Carmentas Erfindung so wohlgesonnen, dass das hebräische und das griechische Alphabet einen Großteil ihres Ruhms einbüßten und nun in beinahe allen Gegenden Europas unseres verwendet wird. Unzählige Bücher aller Fachrichtungen erglänzen in der lateinischen Schrift. Die großen Taten von Menschen und Gott werden durch sie unvergänglich bewahrt, sodass wir mithilfe dieser Zeichen Dinge erfahren, die wir selbst nicht sehen konnten. Durch sie überbringen wir unsere Anliegen und erhalten auf vertrauenswürdige Art jene der anderen. Durch sie knüpfen wir Freundschaften in der Ferne und bewahren sie durch gegenseitige Antworten. Sie beschreiben uns Gott – soweit das möglich ist. Sie bezeichnen Himmel, Erde, die Meere und alle lebendigen Wesen. Und es gibt keinen Untersuchungsgegenstand, den man durch sie und durch aufmerksames Studium nicht begreifen könnte. Kurz gesagt kann mit ihrer Hilfe alles, das unser Geist nicht erfassen und behalten kann, in äußerst getreuen Gewahrsam gegeben werden. Auch wenn einiges hiervon ebenso für andere Alphabete zutrifft, tut dies dem Lobpreis des unseren dennoch keinen Abbruch.

Einige der oben genannten ruhmreichen Vorzüge des alten Italiens haben wir mittlerweile verloren, einige haben wir aufgegeben und manche bewahren wir bis heute mehr dem Namen nach als tatsächlich. Aber was auch immer das Schicksal durch unsere eigene Schuld hinsichtlich dieser anderen Dinge verfügt hat – weder die Raublust der Germanen noch die Kampfeswut der Gallier, weder die Gerissenheit der Engländer noch die Wildheit der Spanier noch die rohe Barbarei oder Beschimpfung irgendeines anderen Volkes vermochten je den großen, herrlichen und angemessenen Ruhm des lateinischen Namens zu schmälern. Diese anderen Völker könnten niemals behaupten – und würden es auch niemals wagen –, dass sie das Alphabet erfunden hätten, und noch viel weniger, dass die Grammatik ihre Entdeckung gewesen sei. Wie wir diese Dinge erfunden haben, so haben wir sie auch aus freiem Willen weitergegeben, wobei sie stets unsere lateinische Bezeichnung beibehielten. So kam es, dass die lateinische Schrift Lob und Ehren des lateinischen Namens umso mehr vergrößerte, je weiter sie in die Vergangenheit zurückreichte, und sie legt ein beredteres Zeugnis für den Adel und den Geist unserer uralten Würde ab und dient als unbestechlicher Beweis für unser Genie, mögen sich die Barbaren auch darüber empören. Auch wenn wir Gott dankbar sein müssen, der uns diesen außerordentlichen Ruhm gewährte, schulden wir dennoch auch Carmenta viel Lob, hohe Wertschätzung und großen Dank. Damit wir nicht zu Recht von irgendjemandem als undankbar verurteilt werden können, ist es unsere höchste Pflicht, all unsere Kräfte aufzubieten, um ihr Andenken in alle Ewigkeit zu bewahren.

Von Helena,
der Gattin von König Menelaos

In den Augen vieler Autoren wurde Helena wegen ihrer Liederlichkeit und wegen des langen Krieges, der ihretwegen geführt wurde, auf der ganzen Welt bekannt. Sie war die Tochter des Tyndareos, des Königs von Oibalia*, und seiner
bildschönen Frau Leda sowie die Gattin des Menelaos, des
Königs der Lakedämonier. Wie alle antiken griechischen und
später auch lateinischen Quellen berichten, war Helena von
so großer Schönheit, dass sie alle anderen Frauen mit Leichtigkeit übertraf. Sie brachte sogar das göttliche Genie Homers
an seine Grenzen – von anderen ganz zu schweigen –, dem es
nicht gelang, sie den Regeln seiner Kunst entsprechend in
Versen zu beschreiben.

Später stellten sich alle angesehenen Maler und Bildhauer
dieser Aufgabe, um der Nachwelt, wenn es ihnen denn ge-

länge, zumindest ein Abbild dieser außergewöhnlichen Schönheit zu hinterlassen. Unter diesen war auch Zeuxis aus Herakleia, der berühmteste Maler jener Zeit und allen anderen weit überlegen, der von den Bewohnern Krotons* damit beauftragt wurde, Helena mit dem Pinsel darzustellen, und dabei sein gesamtes Können und all seine Kunstfertigkeit aufbrachte. Auch wenn diesem keine anderen Modelle zur Verfügung standen als Homers Epos und Helenas großer Ruhm überall, so hatte er sich doch auf dieser Grundlage in seinem Kopf ein Bild von ihrem Gesicht und ihrem restlichen Aussehen machen können. Deshalb dachte er, er könne das göttliche Abbild Helenas mithilfe der Schönheit möglichst vieler anderer Personen zu fassen bekommen und sie all jenen vor Augen führen, die danach verlangten. Und nachdem die Bewohner Krotons ihm auf seinen Wunsch hin zuerst die schönsten Knaben und daraufhin deren Schwestern vorgeführt hatten, wählte er fünf von diesen aus, die durch ganz besondere Anmut hervorstachen. Aus der Schönheit von all diesen destillierte er unter Aufbietung seiner gesamten gerühmten Kreativität und Kunstfertigkeit eine einzige Gestalt, doch ist es kaum glaubwürdig, dass er mit seiner Kunst wirklich das vollbrachte, was er sich vorgenommen hatte. Und das wäre auch nicht weiter verwunderlich: Denn wer könnte schon in einem Gemälde oder einer Statue mit Pinsel oder Meißel das fröhliche Glitzern ihrer Augen abbilden, die sanfte Heiterkeit ihres ganzen Gesichts, ihr himmlisches Lächeln und ihr anmutiges, je nach Worten und Handlungen wechselndes Mienenspiel? Das vermag allein die Natur. Er tat also, was in seiner Macht stand, und hinterließ sein Gemälde – ein Abbild von geradezu himmlischer Anmut – der Nachwelt. Daraus schufen einige geistreichere Autoren folgende Sage: Wegen des Sternenglanzes ihrer Augen, wegen dieses Leuchtens, das kein Sterblicher je zuvor gesehen hatte, wegen der vielgerühmten blendenden Schönheit ihres Gesichtes und der goldenen Fülle ihres wallenden Haares, das ihr in kecken Locken über die Schultern fiel, wie auch wegen des angenehm süßen Klanges ihrer Stimme und wegen gewisser Bewegungen ihres zimtigen, rosigen Mundes, ihres strahlenden Gesichts und ihres elfenbeinweißen Halses, der aus den verborgenen Freuden ihrer Brust emporstieg, die sich nur anhand ihrer Atembewegungen erahnen ließen – wegen all dieser Dinge schrieben sie, Helena sei die Tochter des in einen Schwan verwandelten Jupiter, und wollten damit deutlich machen, dass ihr – abgesehen von ihrer Schönheit, die sie auch von ihrer Mutter haben konnte – alles, was die Künstler trotz ihres Talents nicht mit Pinsel und Farben darstellen konnten, von einem Gott gegeben war.

Von ihrer bewundernswerten Schönheit wurde auch Theseus aus Athen angezogen, kam vor allen anderen nach Lakonien und entführte vermessen die Jungfrau in noch zartem Alter, als sie gerade nach Sitte des Landes in der Palästra spielte. Und auch wenn er es nicht vermochte, ihr außer einigen wenigen Küsschen etwas zu rauben, so hinterließ er doch einen gewissen Schandfleck auf ihrer erschütterten Jungfräulichkeit. In Theseus' Abwesenheit wurde sie dann von Theseus' eigener Mutter Elektra – oder vom ägyptischen König Proteus, wie andere meinen – wieder zu ihren Brüdern gebracht, die sie zurückgefordert hatten. Als sie ins heiratsfähige Alter kam, wurde sie Menelaos, dem König der Lakedämonier, zur Frau gegeben, dem sie Hermione, ihre einzige Tochter, gebar.

Paris, den seine Mutter aufgrund eines Traumes während

ihrer Schwangerschaft im Idagebirge hatte aussetzen lassen, war nach etlichen Jahren nach Ilion zurückgekehrt, hatte unerkannt seinen Bruder Hektor im Ringkampf besiegt und war dem Tod nur deshalb entgangen, weil seine Mutter das Kinderspielzeug wiedererkannte, das er bei sich trug. Da er nicht vergessen hatte, dass Venus ihm aufgrund seines Urteilsspruchs auf dem Ida die schönste Frau zur Gattin versprochen hatte, oder – wie andere meinen – um Hesione[*] zurückzufordern, ließ er Schiffe aus den Bäumen des Idagebirges bauen und segelte mit königlichem Geleit nach Griechenland hinüber, wo er von Menelaos als Gastfreund aufgenommen wurde. Als er dort Helena erblickte, die sich in ihrer auffallenden himmlischen Anmut und königlichen Pracht nach Bewunderung sehnte, war er auf der Stelle von ihr hingerissen. Aufgrund ihres Verhaltens machte er sich Hoffnungen und goss bei jeder günstigen Gelegenheit mit seinen inbrünstig funkelnden Blicken heimlich das Feuer seiner Liebe in ihre schamlose Brust. Und das Glück war seinen Plänen hold: Die Umstände erforderten es nämlich, dass Menelaos nach Kreta segelte und Paris daher allein bei seiner Frau zurückließ. Einige Quellen berichten, dass beide füreinander in Liebesglut entbrannten und Paris das Feuer, das Hekuba im Traum gesehen hatte, einvernehmlich in seine Heimat brachte und so die Prophezeiung erfüllte. Zusammen mit einem Großteil der Schätze des Menelaos raubte er also Helena des Nachts vom lakonischen Ufer oder – wie andere meinen – von der nahegelegenen Insel Kythera, wo sie nach der Sitte ihrer Väter in einem Tempel wachte, um Opfer darzubringen. Er brachte sie an Bord der bereitstehenden Flotte und kam nach vielen Gefahren schließlich mit ihr nach Troja. Dort wurde sie von Priamos mit höchsten Ehren empfangen, der es für wichtiger erachtete, den Schandfleck des Unrechts zu tilgen, das ihm durch Telamon* widerfahren war, der Hesione gefangen gehalten hatte, und dabei in Kauf nahm, den Grund für die künftige Zerstörung seines Königreiches bei sich aufzunehmen.

Durch diese verführerische Frau wurde ganz Griechenland in Aufruhr versetzt. Da nämlich das Verbrechen des Paris für alle griechischen Fürsten mehr Gewicht hatte als die Schamlosigkeit der Helena, die sie mehrmals vergeblich zurückgefordert hatten, schlossen sie sich einmütig zur Zerstörung Trojas zusammen. Sie versammelten ihre Männer, besetzten mit tausend oder mehr Schiffen voller bewaffneter Kämpfer die Küste zwischen den Vorgebirgen Sigeion und Rhoiteion in Phrygien und belagerten Ilion gegen den vergeblichen Widerstand der Phryger. Von den Mauern der belagerten Stadt konnte Helena mit eigenen Augen sehen, was ihre Schönheit wert war: Die gesamte Küste füllte sich mit Feinden, alles ringsum wurde von Feuer und Schwert zerstört, ganze Völkerschaften kämpften miteinander und gingen durch gegenseitig zugefügte Wunden in den Tod, alles wurde mit ebenso viel trojanischem wie griechischem Blut besudelt. Mit solch hartnäckiger Entschlossenheit forderten die Griechen sie zurück und weigerten sich die Trojaner, sie herauszugeben, dass die Belagerung ein Jahrzehnt voll grausamen Mordens vieler ruhmreicher Menschen andauerte. Nachdem bereits Hektor und Achill den Tod gefunden hatten und Paris von Pyrrhos, einem feurigen jungen Mann, niedergemetzelt worden war, ging Helena noch während der Belagerung eine zweite Ehe ein und heiratete den jüngeren Deiphobos, als sei es ihr zu wenig gewesen, nur ein einziges Mal gesündigt zu haben. Schließlich wurde mit einer Täuschung in Angriff genommen, was mit Waffengewalt scheinbar nicht erreicht werden konnte, und die Frau, die der Grund für die Belagerung gewesen war, spielte dabei freiwillig und wissentlich mit, um ihren Beitrag an der Zerstörung Trojas zu leisten und so die Gunst ihres ersten Mannes zurückzuerlangen. Mit einer List täuschten die Griechen ihre Abreise vor, die Trojaner aber, erschöpft von der Mühsal der letzten Jahre und der neugewonnenen Fröhlichkeit und überwältigt von den üppigen Festmählern, lagen in tiefem Schlaf, als Helena, einen Tanz vortäuschend, mit brennender Fackel im richtigen Augenblick von der Zitadelle herab die bereitstehenden Griechen herbeirief. Diese kehrten zurück, drangen still und heimlich durch die geöffneten Tore in die schlummernde Stadt ein, setzten sie in Brand, schlachteten Deiphobos grausam ab und führten Helena zwanzig Jahre nach ihrer Entführung wieder ihrem Gatten Menelaos zu.

Andere bekräftigen freilich, Helena sei gegen ihren Willen von Paris entführt worden und hätte es aus diesem Grund verdient, wieder von ihrem Mann aufgenommen zu werden. Dieser wurde auf ihrer gemeinsamen Rückfahrt nach Griechenland von schweren Gewittern und widrigen Winden bedrängt und sah sich gezwungen, Kurs auf Ägypten zu nehmen, wo er von König Polybos aufgenommen wurde. Nachdem sich die Stürme gelegt hatten, kehrte er zusammen mit seiner wiedergewonnenen Gattin nach Lakedämonien zurück, wo er beinahe acht Jahre nach der Zerstörung Trojas freudig empfangen wurde. Wie lange Helena danach weiterlebte, was sie tat oder unter welchem Himmel sie verstarb, erinnere ich mich nicht, irgendwo gelesen zu haben.

Von Camilla,
der Königin der Volsker

Camilla war eine berühmte, der Erinnerung äußerst würdige
Jungfrau und Königin der Volsker*. Sie war die Tochter von
Metabus, des Königs der Volsker in ältesten Zeiten, und dessen Gattin Casmilla. Ihre Mutter verstarb bei der Geburt, und
als Trost nahm ihr Vater Metabus nur einen Buchstaben vom
Namen der Mutter weg und nannte seine Tochter Camilla.
Vom Tag ihrer Geburt an meinte es das Schicksal nicht gut
mit dieser Jungfrau. Kurz nach dem Begräbnis der Mutter
wurde Metabus durch einen unerwarteten Aufstand der Einwohner von Privernum* aus seinem Reich vertrieben und
konnte bei seiner übereilten Flucht nichts außer seiner kleinen Tochter, die er mehr als alles andere liebte, mit ins Exil
nehmen. Auf seiner Flucht allein und zu Fuß, bei der der
Elende Camilla als Gefährtin auf seinen Armen trug, kam er

zum Fluss Amasenus, der vom Regen der vergangenen Tage angeschwollen war. Durch das Gewicht des Kindes behindert konnte er nicht hinüberschwimmen, doch gab ihm Gott, der nicht wollte, dass die zu einer ruhmreichen Zukunft bestimmte Jungfrau von einem unrühmlichen Schicksal ereilt wurde, zum rechten Zeitpunkt einen Ratschlag ein. Metabus wickelte sie in Eichenrinde, befestigte das Bündel an seinem Speer, den er mit sich führte, und weihte sie der Diana, wenn diese sie unversehrt bewahrte. Mit all seiner Kraft schleuderte er den zitternden Speer zusammen mit seiner Tochter auf das gegenüberliegende Ufer, das er gleich darauf schwimmend erreichte. Durch die Gnade Gottes fand er sie unverletzt vor und freute sich mitten in seinem Unglück. Daraufhin suchte er Zuflucht in den Wäldern und zog die Kleine unter größten Mühen mit der Milch wilder Tiere groß. Als sie heranwuchs, begann sie, ihren Körper mit Tierhäuten zu umhüllen, Speere zu werfen, Steinschleudern zu benützen, den Bogen zu spannen, einen Köcher zu tragen und Rehe und wilde Ziegen im Wettlauf zu besiegen. Auch verachtete sie nun jegliche Frauentätigkeit, wollte mehr als alles andere ihre Jungfräulichkeit unversehrt bewahren, verspottete die Liebeleien der jungen Leute, wies die Heiratsanträge der vornehmsten Fürsten vehement zurück und gab sich voll und ganz dem Dienst der Diana hin, der ihr Vater sie ja versprochen hatte. Später wurde die von all diesen Ertüchtigungen abgehärtete Jungfrau in das väterliche Reich zurückgerufen, hielt jedoch mit unbeugsamer Willensstärke an ihrem Vorsatz fest. Als dann aber Aeneas aus Troja kam und Lavinia* zur Frau nahm, brach deswegen zwischen ihm und dem Rutuler* Turnus Krieg aus. Beide versammelten von überall her Truppen, und Camilla, die auf der Seite des Turnus stand, kam diesem mit einer großen Schar Volsker zu Hilfe. Oft stürmte sie bewaffnet gegen die Teukrer* an, und eines Tages, als sie schon viele von ihnen in heftigem Kampf getötet hatte, verfolgte sie zuletzt einen gewissen Chorebos, einen Priester der Kybele, dessen Waffen sie sich gewinnen wollte. Dabei wurde sie von einem ihrer Feinde namens Arruns mit einem Pfeil tödlich unter ihrer Brust getroffen und sank zum größten Schaden der Rutuler sterbend nieder. So hauchte sie ihr Leben aus, während sie das tat, was sie am meisten liebte.

Ich wünschte, die jungen Frauen von heute würden sich ein Beispiel an ihr nehmen. Wenn sie sich aufmerksam vor Augen führten, wie Camilla als selbstbestimmte erwachsene Jungfrau nach Lust und Laune mit dem Köcher um die Schulter die weiten Felder, Wälder und Verstecke der wilden Tiere durchstöberte, wie sie sich ständig bemühte, alle verführerischen körperlichen Gelüste zu unterdrücken, wie sie jeglichen Genuss und jegliche Sinnlichkeit, alle erlesenen Speisen und Getränke ablehnte und mit Beharrlichkeit nicht nur die Umarmungen von, sondern auch die Unterhaltungen mit gleichaltrigen Männern zurückwies, würden sie lernen, was für ein Verhalten für sie im väterlichen Haus angemessen wäre, was für eines in den Tempeln und was für eines im Theater, wo eine große Menge an Zuschauern und die strengsten Sittenwächter zusammenkommen. Sie würden auch lernen, ehrlosen Menschen kein Gehör zu schenken, ihre Zunge mit Schweigsamkeit zu zügeln, ihre Blicke mit Ernsthaftigkeit zu kontrollieren, ihre Manieren im Zaum zu halten und ihre gesamte Gestik anständig zurückzuhalten sowie Müßiggang, Festmähler, übermäßigen Luxus, Tanzen und die Gesellschaft junger Männer zu meiden. Sie würden merken, dass es unfromm und mit Keuschheit unvereinbar ist, nur das zu begehren, was einem gefällt, und alles zu tun, was erlaubt ist. So würden sie einsichtiger werden und, ihren Eltern gehorchend, in der Blüte ihrer lobenswerten Jungfräulichkeit als reife Frauen zum Altar schreiten.

Von Penelope,
der Gattin des Odysseus

Penelope war die Tochter von König Ikaros und die Gattin
des Odysseus, eines äußerst umtriebigen Mannes: Sie ist allen
Damen das heiligste und unvergänglichste Beispiel an unver-
sehrter Ehrbarkeit und unbefleckter Sittsamkeit. Ihre standhafte Keuschheit wurde vom Schicksal heftig, aber letztlich
vergebens angegriffen. Nachdem sie als junge Frau, die wegen ihrer Schönheit von vielen begehrt wurde, von ihrem Vater mit Odysseus verbunden worden war und diesem Telemachos geboren hatte, wurde Odysseus nämlich zum Feldzug
gegen Troja gerufen oder vielmehr gewaltsam dorthin gezwungen, und sie blieb mit dessen bereits betagtem Vater
Laertes, seiner Mutter Antikleia und ihrem kleinen Sohn zurück. Im Verlauf des Krieges erlitt sie immerhin keinerlei Unrecht außer ihrem zehnjährigen Witwendasein. Nach dem

Fall Trojas gingen Gerüchte um, dass die Heerführer bei ihrer Heimreise in Meeresstürmen an Klippen zerschellt waren, an fremde Ufer getrieben, von den Wellen verschlungen worden waren oder in seltenen Fällen nach Hause zurückgekehrt waren. Nur von Odysseus wusste man nicht, wohin seine Schiffe steuerten. Da der lange Erwartete nicht in die Heimat zurückkehrte und er von niemandem mehr gesehen worden war, hielt man ihn schließlich für tot. In diesem Glauben verzweifelte seine Mutter Antikleia und setzte ihrem Leben mit dem Strick ein Ende, um ihren Schmerz zu lindern. Penelope hatte schon die Abwesenheit ihres Mannes sehr zugesetzt, die düstere Ahnung seines Todes jedoch war für sie noch weitaus schlimmer. Nachdem sie viele Tränen vergossen und oft vergebens nach Odysseus gerufen hatte, bereitete sie sich fest entschlossen darauf vor, ihr Leben in keuschem Witwendasein mit dem alten Laertes und dem Knaben Telemachos zu verbringen.

Ihre anmutige Schönheit, ihr tadelloses Verhalten und ihre noble Abstammung weckten jedoch die Begehrlichkeiten einiger Fürsten aus Ithaka, Kephalonia und Ätolien, und so wurde sie nun ständig von deren Nachstellungen belästigt. Da mit der Zeit die Hoffnung immer mehr schwand, dass Odysseus noch lebte und zurückkehren würde, und da Laertes wegen der Belästigung der Freier aufs Land gezogen war, besetzten diese Odysseus' Palast und versuchten nach Kräften, Penelope durch ständiges Bitten und Schmeicheln zur Gattin zu gewinnen. Als sie aber erkannte, dass ihr bald kein Ausweg mehr bleiben würde, und da sie fürchtete, dass der Vorsatz ihres frommen Herzens gebrochen werden könnte, kam ihr, sicherlich durch göttliche Eingebung, der Gedanke, ihre Feinde mithilfe einer Frist zumindest für eine Weile listig zu täuschen: Sie bat die Drängenden, es ihr zu gestatten, noch so lange auf ihren Mann zu warten, bis sie ein Tuch, das sie der königlichen Tradition gemäß zu weben begonnen hatte, fertiggestellt hätte. Die ehrenvollen Freier gestanden ihr dies gerne zu, sie jedoch löste des Nachts heimlich wieder auf, was sie dem Werk tagsüber mit weiblicher Geschicklichkeit eifrig webend hinzugefügt hatte. Als sie jene, die im Palast mit ihren ständigen Gelagen die Güter des Odysseus aufzehrten, schon eine Zeit lang hingehalten hatte und die Täuschung nicht viel länger aufrechterhalten konnte, kehrte Odysseus durch die Gnade Gottes vom Reich der Phäaken kommend zwanzig Jahre nach seiner Abreise allein und unerkannt nach Ithaka zurück. Als Bettler verkleidet näherte er sich seinen Hirten, um zu erfahren, wie es um seine Angelegenheiten stand. Von seinem nunmehr betagten Sauhirten Sybotes wurde er freundlich empfangen und erfuhr von ihm beinahe den gesamten Ablauf der Ereignisse. Er erblickte auch Telemachos, der gerade von Menelaos zurückgekehrt war, gab sich ihm heimlich zu erkennen und eröffnete ihm seinen ganzen Plan. Von Sybotes unerkannt wurde er dann nach Hause zurückgebracht. Als er sah, wie die Freier sein Hab und Gut behandelten und wie die keusche Penelope deren Heiratsanträge abwies, wurde er wütend, ließ die Türen des Palastes versperren und stürmte zusammen mit dem Sauhirten Sybotes, dem Rinderhirten Philitias und seinem Sohn Telemachos auf die schmausenden Freier los. Er tötete Eurymachos, den Sohn des Polybos, sowie Antinoos, Amphinon, Klysippos aus Samos, Agelaos und etliche andere, die vergeblich um Gnade flehten, ebenso wie seinen Ziegenhirten Melanthos, der den Feinden Waffen beschafft hatte, und alle Mägde, von denen er wusste, dass sie mit den Freiern unter einer Decke steckten. So befreite er schließlich seine Penelope von den Nachstellungen der Freier. Auch wenn sie ihn kaum wiedererkannte, schloss sie den Langersehnten in höchster Freude in ihre Arme.

Ein gewisser Lykophron*, der letzte der griechischen Dichter, behauptet jedoch, dass der alte Nauplios aus Rache für den Mord an seinem Sohn Palamedes* beinahe alle Frauen der Griechen durch seine Kuppelei zum Ehebruch verführte und dass auch Penelope durch seine Einflüsterungen ein sexuelles Verhältnis mit einem der Freier eingegangen war. Es steht mir fern zu glauben, dass Penelope, deren Keuschheit in den Werken vieler Autoren gerühmt wurde und von der nur ein einziger Schriftsteller das Gegenteil behauptet, nicht die keuscheste von allen gewesen sein soll. Ihre Tugend ist umso berühmter und lobenswerter, da sie so selten anzutreffen ist und da sie sie trotz der größten Anfeindungen so standhaft unversehrt bewahrte.

Von Dido oder Elissa,
der Königin der Karthager

Dido, die zuvor Elissa geheißen hatte, war zugleich die Gründerin und Königin Karthagos. Um sie gebührend zu würdigen, will ich ein wenig ausholen – vielleicht vermag ich es mit meinen wenigen Notizen zumindest teilweise, sie von dem Makel zu befreien, der der Ehrbarkeit ihrer Witwenschaft ungerechtfertigterweise angehaftet wird. Um zu ihrer Verherrlichung auch noch die fernste Vergangenheit hinzuzuziehen: Wie allgemein bekannt ist, kamen die Phönizier, ein Volk, das sich durch seinen besonderen Fleiß hervortat, aus den entlegensten Gegenden Ägyptens an das syrische Ufer und gründeten dort viele berühmte Städte. Unter anderem herrschte über sie Agenor als König, der noch in unserer Zeit – von seiner eigenen ganz zu schweigen – einen glänzenden Ruf genoss. Man glaubt, dass von ihm die ruhmreiche Familie der Dido abstammte.

Als ihr Vater Belus, der König der Phönizier, nach der Unterwerfung der Insel Zypern starb, gab er das junge Mädchen zusammen mit ihrem älteren Bruder Pygmalion in die Obhut der Phönizier. Diese setzten Pygmalion auf den Thron seines Vaters und verheirateten Elissa, eine außergewöhnlich schöne junge Frau, mit Acerbas (oder Sychaeus oder Sicarbas, wie andere meinen), einem Priester des Herkules, der bei den Einwohnern von Tyros nach dem König am höchsten geehrt wurde. Die beiden waren einander in frommster Liebe zugetan. Acerbas' unermesslicher Reichtum war größer als der aller anderen Sterblichen, ebenso jedoch Pygmalions unersättliche Gier nach Gold. Und weil die Habsucht des Königs allgemein bekannt war, versteckte Acerbas all seine Schätze. Da er aber die Gerüchte nicht aufhalten konnte und Pygmalion hoffte, sich dieser Reichtümer bemächtigen zu können, tötete er den Unvorsichtigen hinterlistig aus Geldgier. Als Elissa davon erfuhr, war sie darüber so verzweifelt, dass sie sich fast das Leben genommen hätte. Nachdem sie sich aber lange Zeit in Tränen verzehrt, unzählige Male ihren geliebten Acerbas vergebens zu sich gerufen und die schrecklichsten Flüche auf ihren Bruder herabgewünscht hatte, beschloss sie die Flucht zu ergreifen, sei es, weil sie im Traum dazu ermahnt wurde – wie einige behaupten –, sei es aus eigenem Antrieb, damit die Habgier ihres Bruders nicht auch noch ihr den Tod brächte. Sie legte jegliche weibliche Weichheit ab und stählte ihren Sinn zu männlicher Härte, was ihr später den Namen Dido einbrachte (was die phönizische Entsprechung des lateinischen Wortes für «Heldin» ist).

Sie versammelte zunächst einige von den Anführern aus den Städten hinter sich, von denen sie wusste, dass ihnen Pygmalion aus verschiedenen Gründen verhasst war. Dann übernahm sie die Flotte ihres Bruders, die schon bereitgestanden hatte, um sie fortzuschaffen oder etwas anderes auszuführen, und ließ die Schiffe in aller Eile mit ihren Verbündeten bemannen. Des Nachts ließ sie heimlich alle Schätze ihres Mannes, von denen sie wusste und die sie ihrem Bruder stehlen konnte, auf die Schiffe bringen und ließ diese listig vor aller Augen auch noch mit unzähligen Sandsäcken beladen, als wären dies die Schätze des Sychaeus. Als sie dann auf hoher See waren, ließ sie die Säcke zur großen Verwunderung all jener, die nicht eingeweiht waren, über Bord werfen. Unter Tränen beteuerte sie, dass sie nun, da die Schätze des Acerbas versenkt waren, den Tod finden könne, den sie so lange ersehnt habe. Auch sagte sie, sie habe Mitleid mit ihren Verbündeten, die Pygmalion ebenso wie sie selbst zweifelsohne mit den schrecklichsten Foltern bestrafen würde, wenn sie zu dem gierigen und grausamen König zurückkehrten. Sie versicherte ihnen aber, dass sie stets auf ihre Verbündeten und deren Vorteil achten werde, wenn sie mit ihr zusammen fliehen wollten. Auch wenn die armen Seeleute ihr Heimatland und die Hausgötter ihrer Väter nur ungern hinter sich ließen, hatten sie doch nach dieser Ansprache so große Furcht vor einem grausamen Tod, dass es ein Leichtes war, sie dazu zu überreden, mit ins Exil zu gehen. Sie änderten ihren Kurs und kamen mit Dido als Anführerin nach Zypern, wo sie zum Trost der jungen Männer, und um für Nachwuchs zu sorgen, einige junge Frauen raubten, die gerade am Strand, nach Sitte des Landes, der Venus Opfer darbrachten. Als Gefährten auf ihrer Reise nahm sie auch einen Oberpriester des Jupiter mit dessen ganzer Familie mit, der über ihre Ankunft vorgewarnt gewesen war und prophezeite, dass diese Flucht große Taten zur Folge haben werde.

Sie hatten bereits Kreta hinter sich und Sizilien zu ihrer Rechten gelassen und steuerten auf die afrikanische Küste zu, segelten an der Küste der Massylier vorbei und ankerten in einer Bucht, die später große Berühmtheit erlangen sollte. Dort fanden die Schiffe Schutz und die erschöpften Ruderer konnten sich ein wenig ausruhen. Die Bewohner der umliegenden Gegenden kamen herbei, um die Fremden zu sehen, einige brachten Lebensmittel und Waren mit, und wie es so zu gehen pflegt, wurden Gespräche begonnen und Freundschaften geknüpft. Die Einwohner schienen nichts dagegen zu haben, dass die Neuankömmlinge hier blieben, und von den Bürgern von Utica, die einst ebenfalls aus Tyros ausgezogen waren, kam sogar eine Gesandtschaft, die sie überzeugte, sich hier anzusiedeln. Dido kam zu Ohren, dass ihr Bruder Krieg gegen sie führen wollte, sie fürchtete sich jedoch nicht, sondern kaufte eilig von den Anwohnern ein Stück Land an der Küste, das nicht größer war, als man es mit einer Kuhhaut bedecken konnte, um sich dort ein Zuhause zu schaffen. Dies tat sie, damit niemand den Eindruck bekam, sie würde jemandem ein Unrecht zufügen, und damit nicht der Verdacht aufkam, sie hätte große Pläne für die Zukunft. Oh, Listigkeit der Frauen! Auf ihren Befehl hin wurde die Kuhhaut nämlich in Streifen geschnitten, die aneinandergebunden wurden und so eine weitaus größere Fläche umspannten, als die Verkäufer hatten annehmen können. Unter dem günstigen Vorzeichen eines Pferdekopfes, den man dort gefunden hatte, gründete sie eine kriegstüchtige Stadt, der sie den Namen Karthago gab. Die Festung nannte sie nach der Kuhhaut Byrsa. Und als sie ihre Schätze, die sie listig verborgen gehalten hatte, vor den Gefährten ihrer Flucht ausbreitete und diese so mit großer Hoffnung befeuerte, wuchsen dort rasch Stadtmauern,

Tempel, ein Marktplatz sowie öffentliche und private Gebäude empor.

Nachdem sie ihrem Volk Gesetze und Regeln des Zusammenlebens gegeben hatte und die Stadt schnell zu Berühmtheit gelangt war, verbreitete sich der Ruf von Didos beispielloser Schönheit und unerhörter Tugend und Sittsamkeit in ganz Afrika. So geschah es, dass der König der Massitaner in Verlangen nach ihr entbrannte – afrikanische Menschen neigen stark zu Wollust – und sie von den Obersten der Stadt zur Gattin forderte, anderenfalls würde er die gerade erblühende Stadt mit Krieg und Zerstörung überziehen. Diese kannten jedoch den heiligen Vorsatz und die unbeugsame Keuschheit der verwitweten Königin und gerieten in große Furcht, in einem Krieg vernichtet zu werden, wenn sie den Forderungen des Königs nicht nachgäben. Da sie es aber Dido gegenüber nicht auszusprechen wagten, was von ihr gefordert wurde, wollten sie die Königin mit einer List dazu bringen, das gewünschte Ziel von sich aus herbeizuführen. Deshalb erzählten sie ihr, der König wolle sein wildes Barbarenvolk durch ihre Unterweisung zivilisierter machen und fordere aus diesem Grund und unter der Androhung von Krieg Lehrer von ihnen. Sie seien jetzt aber unschlüssig, wer von ihnen diese große Aufgabe übernehmen, die Heimat verlassen und bei dem wilden König leben solle. Die Königin bemerkte ihre List nicht und antwortete ihnen: «Verehrte Mitbürger, was soll diese Trägheit, diese Feigheit? Habt ihr etwa vergessen, dass wir für Vater und Vaterland geboren sind? Und dass nur der mit Recht ein Bürger genannt werden kann, der für das Gemeinwohl selbst den Tod nicht scheut – geschweige denn irgendeine andere Unbequemlichkeit –, wenn es die Umstände erfordern? Schreitet deshalb freudig voran und befreit euer Vaterland durch ein geringes Wagnis eurerseits von der gewaltigen Kriegsgefahr.» Durch diese Vorhaltungen der Königin hatten die Obersten der Stadt ihr Ziel erreicht und eröffneten ihr die wahre Forderung des Königs. Nachdem sie das gehört hatte, musste die Königin einsehen, dass sie der geforderten Heirat aufgrund ihrer Worte zustimmen musste. Bei sich seufzte sie zwar schwer, wagte es aber nicht, sich gegen die List ihrer Mitbürger aufzulehnen. An ihrem Vorsatz hielt sie jedoch fest, fasste rasch einen Beschluss, der ihrer Tugendhaftigkeit angemessen zu sein schien, und sagte, sie werde gehen, wenn ihr ein fester Termin für die Hochzeit gegeben würde. Dies wurde ihr zugestanden, dann kam aber der Trojaner Aeneas, den sie noch nie zuvor gesehen hatte. Ihrer Meinung nach war es besser zu sterben, als ihre Keuschheit zu beflecken, und so errichtete sie im höchstgelegenen Teil der Stadt einen riesigen Scheiterhaufen, nach Ansicht ihrer Mitbürger, um den Geist des Sychaeus zu besänftigen. In dunkle Gewänder gehüllt führte sie verschiedene rituelle Handlungen aus, tötete unzählige Opfertiere und bestieg schließlich den Scheiterhaufen unter den Blicken einer großen Menge ihrer Mitbürger, die sehen wollten, was sie tun würde. Als alle Riten vollendet waren, zog sie ein Messer unter ihrem Gewand hervor, setzte es an ihre keusche Brust, rief nach Sychaeus und sprach: «Eurem Willen gehorchend, beste Mitbürger, gehe ich zu meinem Mann.» Kaum hatte sie diese wenigen Worte gesprochen, stürzte sie sich in das Messer, Helfer eilten vergebens herbei, sie hatte lebenswichtige Organe durchbohrt und ging, reinstes Blut vergießend, in den Tod.

Oh, ungebrochener Glanz der Keuschheit! Dido, du verehrungswürdiges und unvergängliches Vorbild unerschütterlicher Witwenschaft! Ich wünschte, alle verwitweten Frauen würden ihre Blicke auf dich richten und insbesondere Christinnen würden sich deine Standhaftigkeit vor Augen führen. Wenn sie es vermöchten, sollten sie ihren ganzen Sinn darauf richten, wie du dein reinstes Blut vergossen hast, und besonders jene, die mit größter Leichtigkeit nicht nur zweimal, sondern dreimal und sogar noch öfter das Eheversprechen geben! Was würden sie, die im Zeichen Christi stehen, sagen, frage ich, wenn sie sehen, wie eine fremde, ungläubige Heidin, die noch nie von Christus gehört hatte, mit so großer Beharrlichkeit und Willensstärke nicht durch fremde, sondern durch ihre eigene Hand lieber in den Tod ging, um vergänglichen Ruhm zu erlangen, als ein zweites Mal zu heiraten? Als es zuzulassen, dass ihr höchst ehrenwertes Gelübde gebrochen würde?

Eine von ihnen wird wohl sagen – unsere Frauen sind ja äußerst scharfsinnig, wenn es um Ausreden geht –: «Ich hatte keine Wahl, ich war hilflos, meine Eltern und Brüder waren gestorben, die Freier bedrängten mich mit Schmeicheleien, ich konnte nicht widerstehen, bin ich doch aus Fleisch und Blut und nicht aus Eisen.» Wie lächerlich! Auf wessen Unterstützung konnte Dido bauen, da ihr einziger Bruder der Verbannten feindlich gestimmt war? Hatte Dido denn nicht auch viele Freier? War Dido etwa mehr aus Stein oder Holz, als es die Frauen von heute sind? Natürlich nicht! Aber wenigstens zeigte sie Geistesgegenwart, und da sie meinte, den Verführungskünsten dieses Mannes aus eigener Kraft nicht widerstehen zu können, widerstand sie ihnen auf die Art, die ihr zu Gebote stand: durch den Tod. Aber haben wir, die wir uns für so schrecklich einsam halten, nicht eine Zuflucht in Christus? Ja, der heilige Erlöser ist stets bei allen, die auf ihn hoffen. Denkst du etwa, dass er, der die Jünglinge aus dem Feuerofen zog und Susanna von falschen Anschuldigungen befreite, dich nicht aus den Händen deiner Feinde retten könnte, wenn du es wolltest? Richte deine Blicke zu Boden, verschließe deine Ohren, lass die anbrandenden Wellen sich an dir brechen wie an Klippen und lass unbewegt die Winde dich umbrausen: Du wirst erlöst werden.

Eine andere wird vielleicht auch vorbringen: «Ich hatte ausgedehnte Ländereien, ein wunderbares Haus mit einer königlichen Einrichtung und große Reichtümer. Ich wollte Mutter werden, damit dieses immense Vermögen nicht in fremde Hände fiele.» Was für ein verrückter Wunsch! Hatte nicht auch Dido ein Reich, ohne Kinder zu haben? Besaß sie nicht auch königliche Reichtümer? Eben! Und weshalb lehnte sie es ab, Mutter zu werden? In ihrer überaus großen Weisheit wusste sie, dass es nichts Dümmeres gibt, als sich selbst zu ruinieren, um für jemand Anderen etwas aufzubauen. Sollte ich also meine Keuschheit beflecken, um einen neuen Besitzer für die Ländereien, das wunderbare Haus und die Einrichtung zu zeugen? Ganz zu schweigen davon, dass dieser all das in den meisten Fällen sowieso zugrunde richtet. Und wenn du unermessliche Reichtümer hast, die du ja ausgeben und nicht einfach wegwerfen sollst – gibt es nicht auch viele Arme Christi? Wenn du diesen etwas gibst, errichtest du dir einen Palast für die Ewigkeit, wenn du diesen etwas gibst, erstrahlt deine Tugendhaftigkeit in neuem Licht. Außerdem hast du ja auch Freunde, und es gibt keine besseren Erben als jene, die du selbst ausgesucht und auf die Probe gestellt hast. Wenn du aber Kinder hast, werden sie nicht so sein, wie du dir das vorstellst, sondern, wie die Natur es will.

Eine dritte Frau wird vielleicht behaupten, dass sie so hatte handeln müssen, weil ihre Eltern es ihr vorschrieben, ihre

Verwandten sie dazu zwangen und ihre Nachbarn sie dazu überredeten. Als wüssten wir nicht, dass sie all diese Befehle mit einer einzigen Weigerung hätte zunichtemachen können, wenn sie ihre Lüsternheit nicht dazu überredet hätte, wenn es ihr ihre Zügellosigkeit nicht vorgeschrieben hätte. Dido konnte sterben, um nicht unkeusch zu leben – jene Frau konnte die Heirat nicht ablehnen, um keusch zu leben.

Eine weitere, die sich für gerissener als die anderen Frauen hält, möchte wohl sagen: «Ich war jung und die Jugend ist hitzköpfig, wie du weißt. Ich konnte mich nicht zurückhalten und bin dem Ratschlag des Lehrers der Heiden gefolgt, der sagte: ‹Es ist besser, zu heiraten, als vor Verlangen zu brennen.›» Gut gesagt! Als würde ich alten Mütterchen Keuschheit vorschreiben, als wäre Dido nicht in jugendlichem Alter gewesen, als sie ihren Geist zur Keuschheit rüstete. Oh, schändliches Verbrechen! Paulus gab diesen heiligen Ratschlag nicht, damit er so oft schamlos zur Verteidigung von Unanständigkeiten angeführt würde. Erschöpfte Körperkräfte können wir durch Nahrung nach und nach wiederherstellen, und überschüssige Kräfte sollten wir nicht durch Enthaltsamkeit verringern können! Eine Heidin vermochte für vergänglichen Ruhm ihr brennendes Verlangen zu bezwingen und in Schranken zu halten, und eine Christin vermag sich nicht zu beherrschen, um ewigen Ruhm zu erlangen! Weh mir! Wenn wir meinen, Gott in solchen Dingen täuschen zu können, berauben wir uns selbst auch des irdischen Ruhmes – vom himmlischen ganz zu schweigen – und stürzen auf den Abgrund ewiger Verdammnis zu. Erröten sollten deshalb all jene Frauen, wenn sie auf Didos leblosen Leichnam blicken. Und wenn sie sich die Ursache ihres Todes vor Augen führen, sollen sie ihre Blicke beschämt zu Boden senken, da sie von einer Anhängerin des Teufels in christlicher Keuschheit übertroffen wurden. Und sie sollen nicht glauben, alles für ihren verstorbenen Mann getan zu haben, wenn sie ihn nur beweinen und schwarze Kleidung tragen. Bis zum Ende müssen sie ihre Liebe bewahren, wenn sie die Pflicht ihrer Witwenschaft erfüllen wollen. Und sie sollten nicht einmal daran denken, eine neue Ehe einzugehen. Genau das machen aber nicht wenige, mehr um unter dem falschen Namen der Ehe ihre Geilheit zu befriedigen, als um den heiligen Bund zu bewahren und den Makel der Tugendlosigkeit zu vermeiden. Was für ein Unterschied besteht denn darin, ob sie sich nach der Umarmung vieler Männer sehnen und diese genießen oder ob sie nach dem Beispiel der Valeria Messalina* Freudenhäuser und Bordelle aufsuchen? Aber davon mehr an anderer Stelle. Ich muss zugeben, dass ich die Grenzen meiner vorliegenden Aufgabe bei Weitem gesprengt habe. Aber wer ist schon so beherrscht, dass er nicht manchmal in seinem Eifer über das gesetzte Ziel hinausschießt? Ich bitte meine Leserinnen um Verzeihung und kehre dorthin zurück, wo meine Abschweifung begann.

Unter öffentlichen Tränen und großer Trauer bereiteten die Bürger der entseelten Dido ein prächtiges Begräbnis mit Ehrbezeugungen, die über menschliches Maß hinausgingen und sonst nur den Göttern vorbehalten waren, und verherrlichten sie nach ihren Möglichkeiten. Solange Karthago Bestand hatte, verehrten sie sie nicht so sehr als Mutter des Volkes und Königin, sondern als berühmte, ihren Anliegen stets wohlgesinnte Gottheit mit Altären, Tempeln und erlesenen Opfern.

Von Nikaula,
der Königin der Äthiopier

Wie zu lesen ist, brachte das entlegenste Barbarenland der Äthiopier Nikaula hervor. Sie ist der Erinnerung besonders würdig, da sie sich durch glänzende Tugendhaftigkeit auszeichnete, obwohl sie unter unzivilisierten Menschen aufwuchs. Wenn man den antiken Schriftstellern Glauben schenken kann, herrschte sie nach dem Sturz der Dynastie der Pharaonen, von denen sie möglicherweise auch abstammte, als überaus berühmte Königin über die Äthiopier, die Ägypter und – wie einige behaupten – die Araber. Ihr Palast befand sich auf der großen Nil-Insel Meroe, und dort besaß sie eine so große Menge an Reichtümern, dass sie damit angeblich beinahe alle anderen Sterblichen übertraf. Wie wir lesen, verfiel sie inmitten der Freuden ihrer Reichtümer jedoch nicht dem Müßiggang und weiblichen Ausschweifungen:

Auch wenn wir nicht wissen, wer ihr Lehrer war, wissen wir doch, dass sie über eine äußerst bewundernswerte Bildung in den Naturwissenschaften verfügte. Das scheint auch die Autorität der Heiligen Schrift zu bezeugen, wo sie ebenfalls erwähnt wird. Als sie, die dort Saba genannt wird, von der Weisheit des zu dieser Zeit mächtigen Salomo hörte, dessen Ruhm damals bereits die gesamte Welt erfüllte, soll sie ihn sehr bewundert haben (einfältige und unwissende Menschen scheren sich für gewöhnlich nicht um solche Dinge und bringen ihnen auch keine Verehrung entgegen). Was jedoch noch weitaus beachtlicher ist, sie bewunderte ihn nicht bloß, sondern verließ ihr berühmtes Reich und reiste von Meroe, sozusagen vom anderen Ende der Welt, über Äthiopien, Ägypten, die Ufer des Roten Meers und die Wüsten Arabiens nach Jerusalem, um ihn sprechen zu hören. Ihr Gefolge war so prächtig, ihre Ausrüstung so prunkvoll und ihre Dienerschaft so groß und königlich, dass selbst Salomo, der reichste aller Könige, der Herrlichkeit dieser Frau Bewunderung zollte. Nachdem sie von ihm mit höchsten Ehren empfangen worden war, stellte sie ihm einige Rätselfragen und hörte seinen Lösungen aufmerksam zu. Danach räumte sie bereitwillig ein, dass die Weisheit des Salomo ihren Ruf und die Fähigkeiten des menschlichen Intellekts bei Weitem übertraf und dass sie zweifelsohne eine Gabe Gottes und nicht durch fleißiges Studium angeeignet war. Daraufhin gab sie ihm prächtige Geschenke, worunter angeblich auch Bäumchen waren, die Balsam produzierten. Diese ließ Salomo später in der Nähe des Asphaltsees* anpflanzen und kultivieren. Nachdem auch Nikaula ihrerseits Geschenke erhalten hatte, kehrte sie unter höchsten Lobpreisungen in ihre Heimat zurück. Manche glauben auch, dass sie und Kandake dieselbe Person seien, jene edle Königin von Meroe, nach der später die ägyptischen Könige lange Zeit Kandaken genannt wurden, wie man sie zuvor als Pharaonen bezeichnet hatte.

Von Sappho,
einer jungen Frau aus Lesbos
und Dichterin

Sappho war eine junge Frau aus der Stadt Mytilene auf Les-
bos – das ist alles, was der Nachwelt über ihre Herkunft bekannt ist. Wenn wir aber ihr Schaffen genauer betrachten,
lässt sich teilweise wiederherstellen, was im Lauf der vielen
Jahre verloren gegangen ist: Offensichtlich stammte sie von
rechtschaffenen und angesehenen Eltern ab, ein gewöhnlicher Geist von niedriger Abstammung hätte solche Dinge niemals anstreben oder zustande bringen können. Wenn wir
auch nicht genau wissen, zu welcher Zeit sie lebte, so war sie
doch von so edler Gesinnung, dass sie sich in der Blüte ihrer
Jugend und Schönheit nicht damit begnügte, lediglich Buchstabe an Buchstabe zu reihen. Angespornt von dem nach Höherem verlangenden Feuer ihres Geistes und der Kraft ihres

lebhaften Intellekts gelangte sie durch aufmerksames Studium über manchen Abgrund hinweg auf den hohen Gipfel des Parnass und mischte sich nach dem glücklichen Ausgang dieses Wagnisses unter die Musen, die sie freundlich aufnahmen. Das Mädchen wanderte durch den Lorbeerhain und kam schließlich zur Grotte Apolls, badete in der Kastalischen Quelle*, nahm das Plektrum des Phoibos und zögerte nicht, zum Tanz der heiligen Nymphen in die Saiten der klangvollen Kithara zu greifen und ihr Melodien zu entlocken – was selbst für die kunstfertigsten Männer äußerst schwierig zu sein scheint.

Kurz gesagt: Ihre Kunst erreichte eine solche Vollendung, dass ihre Gedichte durch die Zeugnisse der antiken Autoren bis zum heutigen Tag in größter Berühmtheit erglänzen, dass man ihr eine Bronzestatue errichtete und weihte und dass sie zu den großen Dichtern gezählt wird. Nichts strahlt heller als dieser Glanz, weder die Diademe von Königen noch die Stirnbinden von Priestern noch die Lorbeerkränze von siegreichen Heerführern.

Sosehr sie jedoch auch in ihrer Kunst vom Glück begünstigt war, so unglücklich war sie in Liebesdingen, wenn man dieser Geschichte Glauben schenken kann. Sie entbrannte nämlich in Liebe, oder besser gesagt in unerträglicher Krankheit, zu einem gewissen Jüngling – sei es wegen seines Charmes, seiner Schönheit oder eines anderen Vorzugs –, und da jener ihre Gefühle nicht erwiderte, klagte sie dessen unbeugsame Hartherzigkeit an und soll tränenvolle Verse verfasst haben. Man hätte meinen können, dass es sich dabei um Elegien gehandelt hätte, da Elegien einer solchen Materie angemessen sind. Ich habe jedoch gelesen, dass sie die Gedichtformen ihrer Vorgänger verachtete und eine neue Gattung erfand, in einem Versmaß, das sich von allen anderen unterschied und nach ihr als «sapphisch» bezeichnet wurde. Aber was nützte ihr das? Den Musen ist es vorzuwerfen, dass sie zwar bei Amphions* Leierspiel die Felsen Ogygias* in Bewegung setzten, bei Sapphos Gesang das Herz eines Jünglings jedoch nicht erweichen ließen.

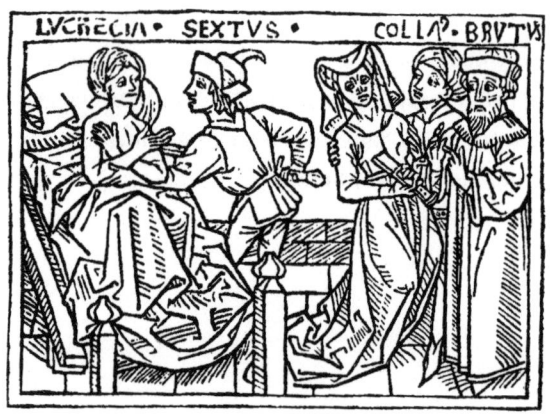

Von Lucretia,
der Gattin des Collatinus

Lucretia, die ruhmreiche Galionsfigur römischer Tugendhaftigkeit und heiligste Zierde antiker Genügsamkeit, war die Tochter des Lucretius Spurius Tricipitinus, eines unter den Römern höchst angesehenen Mannes, sowie die Gattin des Tarquinius Collatinus, des Sohnes des Egerius, der wiederum ein Bruder von Tarquinius Priscus war. Es ist nicht zu entscheiden, ob sie unter den römischen Damen aufgrund ihrer Schönheit oder aufgrund ihres ehrbaren Verhaltens als trefflicher galt. Während Tarquinius Superbus* die Stadt Ardea belagerte, die unweit von Rom bei Collatium lag, hatte sie sich dort in das Haus ihres Mannes zurückgezogen. Die Belagerung dauerte eine lange Zeit und so trug es sich zu, dass die jungen Adeligen, unter denen auch Collatinus war, im Feldlager miteinander beim Mahl saßen und vermutlich von allzu viel Wein erhitzt auf die Ehrbarkeit ihrer Gattinnen zu sprechen kamen. Da natürlich ein jeder der eigenen Frau den anderen gegenüber den Vorzug gab, beschloss man, schnell zu ihnen zu reiten und sich anzusehen, was ihre nichts ahnenden Gattinnen des Nachts so trieben, während ihre Männer im Krieg waren. So könnten alle offenkundig erkennen, welche die lobenswerteste Gattin war. Nachdem sie die adeligen jungen Frauen in Rom beim Spiel mit ihren Altersgenossinnen vorgefunden hatten, lenkten sie ihre Pferde nach Collatium, wo sie Lucretia in schmuckloser Kleidung umgeben von ihren Dienerinnen beim Spinnen von Wolle antrafen. Aus diesem Grund kamen alle zu dem Urteil, dass sie als die Lobenswerteste anzusehen sei.

Collatinus nahm die anderen jungen Männer freundlich in sein Haus auf, und während diesen dort alle Ehren zuteilwurden, warf Sextus, der Sohn des Superbus, seine schamlosen Blicke auf die Sittlichkeit und Anmut der keuschen Frau. Er entbrannte in sündhaftem Feuer und beschloss im Stillen, sich ihrer Schönheit mit Gewalt zu bemächtigen, wenn es anders nicht möglich wäre. Und nur wenige Tage später verließ er von seiner Raserei getrieben heimlich das Lager und kam des Nachts nach Collatium. Da er ein Blutsverwandter ihres Mannes war, wurde er dort von Lucretia freundlich und mit allen Ehren empfangen. Er wartete, bis das ganze Haus still geworden war, und als er glaubte, dass alles schlief, betrat er mit gezücktem Schwert das Schlafzimmer Lucretias. Er eröffnete ihr, wer er sei, und drohte ihr mit dem Tod, wenn sie einen Mucks machte oder sich nicht seinem Willen fügte. Als er merkte, dass sie sich seinem Verlangen widersetzte und selbst den Tod nicht fürchtete, verfiel er auf eine verdammungswürdige List: Er sagte ihr, er werde sie zusammen mit einem ihrer

Sklaven töten und den anderen erzählen, er habe sie umgebracht, weil er sie beim Ehebruch erwischt hätte. Als sie das hörte, erstarrte Lucretia und begann zu zittern, entsetzt über eine so schamlose Niedertracht. Da sie fürchtete, niemand würde ihre Unschuld verteidigen, wenn sie auf diese Weise getötet würde, überließ sie dem Ehebrecher ihren Körper gegen ihren Willen. Als dieser sein schändliches Verlangen befriedigt hatte, ging er fort, seiner Ansicht nach als Sieger. Lucretia aber, der dieses schamlose Verbrechen sehr zusetzte, ließ sofort bei Tagesanbruch ihren Vater Tricipitinus sowie Brutus[*], einen Verwandten des Collatinus, den man bis dahin für geisteskrank gehalten hatte, und andere Verwandte herbeirufen, ebenso ihren Mann. Als alle eingetroffen waren, erzählte sie ihnen unter Tränen der Reihe nach, was Sextus ihr in tiefster Nacht angetan hatte. Während die Verwandten die Weinende zu trösten versuchten, zog sie ein Messer unter ihrem Gewand hervor und sprach: «Auch wenn ich mich von der Sünde freispreche, erlasse ich mir die Strafe nicht. Und dem Beispiel Lucretias folgend wird von nun an keine Frau mehr ein unkeusches Leben führen.» Nachdem sie das gesagt hatte, stieß sie sich das Messer in ihre unschuldige Brust, beugte sich über ihre Wunde und stürzte unter den Augen ihres Gatten und ihres Vaters sterbend nieder. Kurz darauf hauchte sie zusammen mit dem vergossenen Blut ihr Leben aus.

Ihre Schönheit hatte ihr wirklich kein Glück gebracht. Ihre Tugendhaftigkeit aber, die niemals genug gelobt werden kann, muss umso glänzender mit würdigen Lobreden verherrlicht werden, als sie die erlittene Schmach mit einer so drastischen Gewalttat entsühnte. Dadurch wurde nämlich nicht nur ihre Ehre wiederhergestellt, die der unanständige

Jüngling durch sein abscheuliches Verbrechen erschüttert hatte, sondern es folgte daraus letzten Endes auch Freiheit für Rom.

Von Leaina,
einer Prostituierten

Ich denke, dass Leaina Griechin war. Auch wenn sie nicht besonders tugendhaft war, möchte ich sie hier dennoch – mit freundlicher Erlaubnis der ehrenvollen Damen und vornehmen Königinnen – als eine der berühmten Frauen beschreiben. Denn ich habe ja eingangs versprochen, nicht nur tugendhafte Frauen vorzustellen, sondern auch solche, die aus anderen Gründen berühmt waren. Außerdem sehen wir uns der Tugend so sehr verpflichtet, dass wir nicht nur jene Form von ihr verherrlichen wollen, die bereits sichtbar vor allen aufgepflanzt erscheint, sondern auch versuchen müssen, jene ins verdiente Licht zu rücken, die unter der Hülle der Schändlichkeit verborgen liegt. Tugend ist nämlich überall wertvoll und wird durch den Kontakt mit dem Laster nicht besudelt, wie auch ein Sonnenstrahl nicht vom Schlamm beschmutzt wird, auf den er fällt. Wenn wir sie also einmal im Herzen eines Menschen finden, der verabscheuenswerten Tätigkeiten nachgeht, so müssen wir diese Tätigkeiten verabscheuen, dabei aber das Lob der Tugend selbst nicht schmälern. Denn umso bewundernswerter und würdevoller ist sie, je weiter ein Mensch von ihr entfernt zu sein scheint. Aus diesem Grund ist die Erinnerung an Prostituierte nicht immer zu verdammen. Im Gegenteil, wenn diese sich durch irgendein tugendhaftes Verdienst des Gedenkens würdig erweisen, müssen sie umso umfassender und ausgelassener verherrlicht werden. Tugendhaftigkeit, die bei ihnen angetroffen wird, muss wollüstigen Königinnen die Schamröte ins Gesicht treiben, wohingegen die Laster von Königinnen die schlüpfrigen Ausschweifungen von Prostituierten entschuldigen können. Damit darüber hinaus deutlich wird, dass ein großer Geist nicht immer mit ruhmvollen Titeln verbunden ist und dass Tugend niemanden abweist, der nach ihr strebt, muss Leaina diesem Kreis berühmter Frauen hinzugefügt werden. Für ihr tugendhaftes Handeln in einem bestimmten Kontext soll sie verdientermaßen gepriesen werden.

Leainas Hingabe an das schändliche und verachtenswerte Metier der Prostitution ist der Grund, weshalb wir nichts über ihre Herkunft und Heimat wissen. In der Zeit, als Amyntas über die Makedonen herrschte, töteten die ruhmreichen jungen Männer Harmodius und Aristogeiton den grausamen Tyrannen Hipparchos, sei es, um ihre Heimat von seiner schändlichen Tyrannei zu befreien, sei es aus einem anderen Grund. Leaina, die mit den beiden zusammengelebt hatte, wurde vom Nachfolger des Tyrannen zusammen mit anderen als Mitwisserin der Tat gefangen genommen. Unter schwerster Folter sollte sie dazu gezwungen werden, die Namen der

Verschworenen preiszugeben, das leichte Mädchen richtete ihre Gedanken jedoch fromm auf die Heiligkeit und Ehrwürdigkeit der Freundschaft. Da sie nicht wollte, dass anderen Gewalt angetan wurde, während sie verschont blieb, stählte sie ihren Sinn zunächst lange mit bewundernswerter Standhaftigkeit und verriet nicht, was man von ihr wissen wollte. Als dann die Foltern immer schlimmer wurden und ihre Körperkräfte nachließen, begann die mannhafte Frau zu fürchten, dass sie in ihrem Vorsatz wanken könnte, wenn die Widerstandskraft ihres Körpers weiter geschwächt würde. Und so rüstete sie sich mit noch größerer Härte und stellte sicher, dass ihr zusammen mit ihren schwindenden Kräften auch ihr Sprechvermögen genommen wurde: Sie biss sich ihre Zunge ab und spuckte sie aus. Und mit dieser beispiellosen und rühmenswerten Tat nahm sie ihren Folterknechten jegliche Hoffnung, von ihr zu erfahren, was sie wissen wollten.

Wer würde leugnen, dass es ein Fehler des Schicksals war, dass Leaina ihr Leben in Bordellen zubrachte? Wer auch immer sagte, dass Frauen nur das verschweigen, was sie nicht wissen, kannte sie mit Sicherheit nicht. Oh weh! Bisweilen lassen luxuriöse Pracht zu Hause und übermäßige Nachsicht der Eltern junge Frauen vom rechten Weg abkommen. Ihre flatterhafte Leichtfertigkeit lässt sie manchmal auch ohne äußeren Anlass ins Straucheln geraten, wenn sie nicht von strengen Zügeln und vor allem von den wachsamen Blicken ihrer Mütter im Zaum gehalten werden. Und wenn ihr Sturz auch noch durch die Verzweiflung über ihre verlorene Ehrbarkeit verschlimmert wird, kann keine Anstrengung ihre Tugend je wieder zurückbringen. Besonders angesichts ihrer mannhaften Härte während der Folter glaube ich, dass Leaina durch Vernachlässigung ins Verderben gestürzt wurde und nicht durch eine Böswilligkeit der Natur. Und in der Tat erlangte ihre Zunge, zuerst stumm, dann abgebissen, nicht weniger Ruhm, als es die Zunge des Demosthenes verdient hätte, der wegen seiner vielen lebhaften Reden bei seinen Zeitgenossen hoch angesehen war.

Von Thamaris,
der Tochter des Mikon

Thamaris war zu ihrer Zeit eine berühmte Malerin. Die Schläfrigkeit der Zeiten mag ihre Verdienste größtenteils vernichtet haben, ihrem ruhmreichen Namen und ihrer Kunstfertigkeit konnte sie jedoch bis heute nichts anhaben. Manche behaupten, sie sei in der 19. Olympiade als Tochter des Malers Mikon geboren worden. Wir haben jedoch gelesen, dass es zwei Maler mit dem Namen Mikon gab und beide zur gleichen Zeit in Athen tätig waren. Die Quellen unterscheiden nicht, welcher der beiden ihr Vater war, man findet nur den kurzen Hinweis, dass sie die Tochter Mikons war, der der Jüngere genannt wurde. Wessen Tochter sie auch war, sie verachtete die Aufgaben der Frauen und ahmte die Kunst ihres Vaters mit so außergewöhnlicher Begabung nach, dass sie während der Herrschaft des Archelaos über die Makedonen einzigartigen Ruhm als Malerin erlangte. So bewahrten die Bewohner von Ephesos, bei denen Diana in besonderem Maße verehrt wurde, ein von Thamaris gemaltes Bildnis dieser Göttin lange Zeit als ein Meisterwerk auf. Dieses Bildnis, das die Zeiten lange überdauerte, stellt ein so großes Zeugnis ihrer Kunstfertigkeit dar, dass es bis heute als erinnerungswürdig betrachtet wird – ja, als des höchsten Lobes würdig, wenn wir es mit den Spindeln und Körben anderer Frauen vergleichen.

Von Olympias,
der Königin Makedoniens

Olympias, die Königin der Makedonen, war aus vielerlei Gründen berühmt. Zunächst einmal führte sie – sofern Abstammung Sterblichen zu Berühmtheit gereichen kann – als Tochter des Neoptolemos, des Königs der Molosser*, ihren Stammbaum auf das Geschlecht der Aiakiden* zurück, das damals als das angesehenste von ganz Griechenland oder sogar der ganzen Welt erachtet wurde. Als Mädchen trug sie den Namen Mystilis und einige Autoren behaupten, dass sie erst dann Olympias genannt wurde, als sie Philipp geheiratet hatte, der zu dieser Zeit der durchlauchtigste König der Makedonen war. Ihr Bruder Alexander war der König von Epiros, und nach dem Tod Philipps wurde ihr Sohn Alexander König von Makedonien. Dessen Taten waren so gewaltig, dass noch niemand geboren wurde und auch niemand je geboren werden wird, der ihn an irdischem Ruhm übertrifft. Und das brachte auch Olympias nicht gerade wenig Ruhm ein – wenn es denn für Mütter eine Auszeichnung sein kann, hervorragende Söhne geboren zu haben.

Dieser Glanz konnte nicht ganz unbefleckt bleiben, Olympias kam jedoch durch ihre Untaten zu noch größerer Berühmtheit. Denn in der Blüte ihrer Jahre wurde sie von den Verlockungen des Ehebruchs ins Wanken gebracht, und für eine Königin kann es fast nichts Anstößigeres geben. Was noch schlimmer war, man argwöhnte sogar, dass Alexander durch Ehebruch gezeugt worden war. Dieser Verdacht empörte Philipp so sehr, dass er nicht nur in aller Öffentlichkeit verkündete, Alexander sei nicht sein Sohn, sondern auch Olympias als ehrlos verstieß und Kleopatra, die Tochter Alexanders von Epiros, zur Frau nahm. Wie tief sie dadurch gekränkt wurde, konnte Olympias nicht verbergen. Wenn sie bis zu diesem Tag, abgesehen von jenem einen Schandfleck, nur für ihre königliche Pracht berühmt war, so zeichnete sie sich von nun an durch verschiedene Ungeheuerlichkeiten aus. So glaubte man, der junge Pausanias aus dem vornehmen Geschlecht des Orestes sei von ihr dazu angestiftet und gedrängt worden, ihren Gatten Philipp zu ermorden, wovon auch ihr Sohn Alexander gewusst haben soll. Das Haupt des Pausanias soll nämlich am Morgen nach dem Tag, an dem er für den Mord an Philipp gekreuzigt worden war, auf Olympias' Initiative hin mit einer goldenen Krone geziert worden sein. Und nach wenigen Tagen soll sein Leichnam auf Olympias' Befehl hin auf die sterblichen Überreste von König Philipp gelegt, nach makedonischem Brauch ehrenvoll verbrannt und in einem feierlichen Begräbnis bestattet worden sein. Das Schwert, mit dem Pausanias Philipp getötet hatte, ließ sie unter ihrem früheren Namen Mystilis im Tempel Apolls aufhängen. Und Kleopatra, die unrechtmäßige Gattin, die ihr vorgezogen worden war und deren Tochter sie an einem Felsen zerschmettert hatte, trieb sie mit ihren Schmähreden so sehr in die Verzweiflung, dass sich die Elende einen Strick um den Hals legte.

Nachdem ihr Sohn Alexander, der durch seine grandiosen Siege seine Macht vergrößert hatte, in Babylonien an einer Vergiftung gestorben und Alexanders Bruder in Lukanien[*] ermordet worden war, wurde Olympias vom neuen Makedonenkönig Arrhidaios und dessen Gattin Eurydike daran gehindert, aus Epiros nach Makedonien zurückzukehren. Mithilfe einiger älterer Makedonen ließ sie die beiden beseitigen und regierte als Witwe und Königin allein über das Makedonische Reich. Da sie jedoch wie eine Bestie in tobender Raserei unterschiedslos adeliges und bürgerliches Makedonenblut vergoss, wurde sie von Kassander[*] in der Stadt Pydna belagert, wo sie zusammen mit den belagerten Bürgern in große Bedrängnis geriet: Es fehlte an allem und die Menschen begannen Hunger zu leiden. So sah sie sich gezwungen, mit Kassander zu verhandeln und sich ihm auszuliefern. Nach ihrer Kapitulation wurden die Freunde der von ihr Ermordeten durch eine List dazu angestiftet, ihren Tod zu fordern. Und so sandte Kassander seine Henkersknechte in ihre Zelle, um sie zu töten. Da sie erkannte, dass sie durch deren Hände sterben würde, richtete sie sich von zwei Dienerinnen gestützt unerschrocken auf und brachte ihr Gewand und ihre Haare in Ordnung, damit ihrem Ende nichts Unschickliches anhaftete. Auch hörte man von ihr weder Flehen noch weibisches Geheul, ja sie trat ihren Mördern vielmehr aufrecht entgegen und bot ihnen ihren Körper dar, bereit die Wunde zu

empfangen, als achtete sie das gering, wovor selbst die stärksten Männer für gewöhnlich zurückschrecken. Durch dieses
Handeln erwies sie sich wahrhaftig als die Mutter eines so
glorreichen Herrschers.

Von der Prostituierten Flora,
Göttin der Blüten und Gattin des Zephyrus

Den antiken Autoren zufolge scheint Flora eine Römerin gewesen zu sein. Sosehr ihr unschickliches Gewerbe ihrer Ehrbarkeit auch abträglich war, so war ihr das Schicksal doch
wohlgesinnt und vermehrte ihren Ruhm in gleichem Maße.
Alle stimmen überein, dass sie eine steinreiche Frau war, über
die Quellen ihres Reichtums gehen die Meinungen jedoch
auseinander. Einige behaupten nämlich, sie habe die ganze
Blüte ihrer Jugend und körperlichen Schönheit als gewöhnli-
che Prostituierte in Bordellen inmitten von Kupplern und
jungen Verbrechern vergeudet. Und sie soll zu ihren immen-
sen Reichtümern gekommen sein, indem sie durch ihre Frei-
zügigkeiten und Reize – wie das bei solchen Damen üblich
ist – bald diesen, bald jenen Tölpeln ihr ganzes Geld aus der
Tasche zog und an sich raffte.

Andere wiederum hielten sie für anständiger und berichten folgende unterhaltsame Geschichte über sie: In Rom
habe der Wächter des Herkules-Tempels aus Langeweile begonnen, jeweils abwechselnd mit der einen und dann der anderen Hand zu würfeln, mit der Rechten für Herkules und
mit der Linken für sich selbst. Dabei legte er fest, dass er sich,
wenn Herkules verlieren würde, aus dem Tempelschatz eine
Mahlzeit und eine Freundin kaufen dürfte. Und wenn Herkules als Sieger hervorging, würde er für ihn mit seinem eigenen Geld das Gleiche beschaffen. Als dann Herkules gewann,
der es ja gewohnt war, selbst Monster zu bezwingen, besorgte
der Wächter ihm eine Mahlzeit sowie die berühmte Prostitu-

ierte Flora. Sie verbrachte die Nacht im Tempel und im Traum schien sie mit Herkules Sex zu haben. Dieser sagte ihr, sie würde den Lohn für ihre Dienste von der Person erhalten, der sie zuerst begegnete, wenn sie am nächsten Morgen den Tempel verließ. Beim Verlassen des Tempels traf sie dann auf Fanitius, einen wohlhabenden jungen Mann, der sich in sie verliebte und sie bei sich aufnahm. Lange Zeit lebten sie miteinander, und nach seinem Tod blieb sie als seine Erbin zurück und kam so zu ihrem Reichtum. Es gibt jedoch auch einige, die behaupten, dies sei nicht Flora gewesen, sondern Acca Larentia, jene Frau, die Romulus und Remus gesäugt habe (oder später säugen würde). Diese Meinungsverschiedenheit kümmert mich allerdings nicht, da sie ja nichts daran ändert, dass Flora als reiche Prostituierte beschrieben wurde.

Um auf den Punkt zu kommen: Als sich ihr sterbliches Leben dem Ende zuneigte, setzte sie, da sie keine Nachkommen hatte und, wie ich glaube, ihren Namen in ewigem Ruhm bewahren wollte, mit weiblicher List das römische Volk als Erben ihres Vermögens ein. Sie bestimmte jedoch, dass ein Teil des Geldes zur Seite gelegt und der ganze jährliche Zins daraus für öffentliche Spiele an ihrem Geburtstag ausgegeben werden sollte. Und ihre Erwartung wurde nicht enttäuscht. Da sie durch ihr Testament die Gunst des einfachen Volks gewonnen hatte, gewährte man ihr gerne jährliche Spiele zu ihrem Gedächtnis. Neben anderen Unanständigkeiten übernahmen während dieser Spiele nackte Prostituierte die Rolle der Schauspieler und sorgten mit ihren verschiedenen unflätigen Gesten für größte Freude bei den Zuschauern. Meiner Meinung nach geschah das vor aller Augen, um der Nachwelt klarzumachen, welchen Beruf Flora ausgeübt hatte. Wegen dieses verführerischen Spektakels forderte das lüsterne Volk unnachgiebig, als wäre es ihnen das Allerheiligste, dass man die Spiele jedes Jahr auf genau diese Art abhalten sollte, egal ob das Geld dafür von den gewonnenen Zinsen oder aus der Staatskasse genommen wurde. Und nach ihrer Gründerin wurden diese Spiele «Floralia» genannt.

Im Laufe der Zeit begannen sich allerdings die Senatoren, die sich des Ursprungs der Spiele bewusst waren, dafür zu schämen, dass ihre Stadt, die damals bereits die Herrin der ganzen Welt war, mit jenem obszönen Makel behaftet war, dass sie eine Prostituierte verherrlichte. Da sie aber erkannten, dass dieser nicht leicht zu beseitigen war, fügten sie der Schande noch eine verabscheuenswerte und lächerliche Täuschung hinzu. Um Flora, die berühmte Wohltäterin, zu verklären, erfanden sie ein Märchen und erzählten es dem unwissenden Volk: Sie sei eine Nymphe dieses Ortes von außergewöhnlicher Schönheit namens Chlora gewesen. Der Wind Zephyrus, der auf Lateinisch Favonius genannt wird, habe sie innigst geliebt und später dann zur Frau genommen. Dieser, den sie in ihrer Einfalt zu den Göttern zählten, habe sie zur Göttin gemacht, gewissermaßen als Aussteuer oder Hochzeitsgeschenk. Damit sei die Aufgabe verbunden gewesen, zu Beginn des Frühlings die Bäume, Hügel und Wiesen mit Blüten zu schmücken und sich um diese zu kümmern. Aus diesem Grund sei sie dann auch Flora anstatt Chlora genannt worden. Da aus den Blüten Früchte wachsen, habe man dieser Göttin von alters her einen Tempel, Altäre und Spiele geweiht, damit sie durch die Spiele besänftigt würde und großzügig Blüten gewähren und diese zur Frucht reifen lassen würde.

Das einfache Volk ließ sich von dieser Geschichte täuschen und glaubte, dass Flora, die ihr Leben in Bordellen zugebracht und sich auch für wenig Geld mit jedem prostituiert hatte, zusammen mit Juno Regina und den anderen Göttinnen im Himmel säße, als hätte Zephyrus sie auf seinen Schwingen dorthin getragen. Und so wurde Flora durch ihren Scharfsinn und die Gunst des Schicksals mit ihrem unlauter gewonnenen Geld von einer Prostituierten zu einer Nymphe, zur Gattin des Zephyrus und sogar zu einer Göttin. In den Tempeln der Sterblichen wurde sie mit göttlichen Ehren verherrlicht, sodass sie nicht nur von Chlora zu Flora wurde, sondern auch von einer der bekanntesten Huren ihrer Zeit zu einer überall angesehenen Berühmtheit.

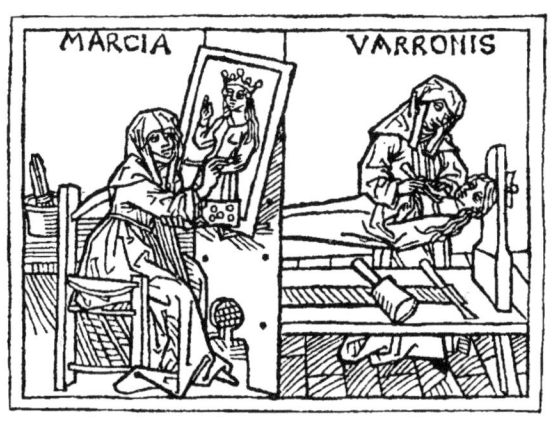

Von Marcia,
der Tochter des Varro

Es ist schon lange bekannt, dass es in Rom eine Marcia, Tochter des Varro, gab, die ihr ganzes Leben lang Jungfrau blieb.
Ich erinnere mich nicht, gelesen zu haben, welcher Varro ihr
Vater war und wann genau sie lebte. Ich bin der Meinung,
dass man sie wegen ihrer Jungfräulichkeit umso höher lobpreisen muss, da sie diese als unabhängige Frau aus eigenem
Antrieb, nicht durch einen Zwang von oben, unverletzt bewahrte. Ich habe nämlich nirgends gelesen, dass sie sich
durch ein Priesteramt der Vesta, einen Eid an Diana oder irgendein anderes Gelübde dazu verpflichtet hätte, wodurch
Frauen ja oftmals eingeschränkt oder zurückgehalten werden. Durch die Reinheit ihres Geistes allein überwand sie den
Stachel des Fleisches, dem selbst die hervorragendsten Männer manchmal nachgeben, und bewahrte ihren Körper bis in

den Tod unversehrt von der Berührung eines Mannes. Auch wenn diese Marcia nun wegen ihrer äußerst lobenswerten Standhaftigkeit in hohem Maße zu rühmen ist, so ist sie doch auch nicht weniger wegen ihrer intellektuellen Fähigkeiten und der Kunstfertigkeit ihrer Hände zu preisen.

Wir wissen nicht genau, ob sie ihre Kunst von einem Lehrer erlernte oder von Natur aus so begabt war, fest steht jedoch, dass sie traditionelle Frauentätigkeiten verachtete und sich voll und ganz dem Studium der Malerei und Bildhauerei widmete, um ihre Zeit nicht in Müßiggang zu vergeuden. So virtuos und raffiniert führte sie den Pinsel und schnitzte Figuren aus Elfenbein, dass sie darin Sopolis und Dionysios übertraf, die berühmtesten Maler ihrer Zeit. Ein eindeutiger Beweis hierfür ist die Tatsache, dass die von ihr gemalten Bilder für mehr Geld verkauft wurden als die der anderen. Und, was noch bewundernswerter ist, sie soll nicht nur außergewöhnlich gut gemalt haben – was ja auch bei anderen vorkommt –, sondern auch so schnell wie niemand anderes. Beweisstücke ihrer Kunst existierten lange Zeit, und unter diesen war auch ein Selbstporträt, das sie unter Zuhilfenahme eines Spiegels gemalt hatte. Ihre Züge, ihre Farben und ihren Gesichtsausdruck bildete sie so getreu in dem Gemälde ab, dass keiner ihrer Zeitgenossen, der dies sah, daran zweifeln konnte, um wen es sich hier handelte.

Um nun auf ihre besonderen Eigenheiten zu sprechen zu kommen: Sie soll unter anderem in erster Linie Frauenfiguren gemalt oder geschnitzt haben und nur selten oder nie Männer. Meiner Meinung nach war ihre standhafte Keuschheit die Ursache für diese Gewohnheit. Denn da in der Antike Menschen in der Regel nackt oder halbnackt abgebildet wurden, hätte sie die Männer entweder unvollendet darstellen oder, wenn sie sie vollendet hätte, ihre keusche Jungfräulichkeit beflecken müssen. Um diese beiden Fälle zu vermeiden, erachtete sie es als besser, ganz darauf zu verzichten, Männer abzubilden.

Von Sulpicia,
der Gattin des Fulvius Flaccus

Sulpicia war eine Frau, der einst höchste Ehrerbietung erwiesen wurde, und den Zeugnissen römischer Damen zufolge erlangte sie nicht weniger Ruhm für ihre unversehrte Keuschheit als Lucretia, die sich mit einem Messer getötet hatte. Sulpicia war die Tochter des Servius Paterculus und die Gattin des Fulvius Flaccus, beides Männer von adeliger Herkunft.

Einst fasste der Senat – nachdem die Dezemvirn* nach altem Brauch die Sibyllinischen Bücher* konsultiert hatten – den Beschluss, dass in der Stadt eine Statue der Venus Verticordia geweiht werden sollte, damit die Jungfrauen und alle anderen Frauen nicht nur der Lüsternheit entsagten, sondern auch leichter auf den rechten Weg lobenswerter Tugendhaftigkeit gebracht würden. Dem Befehl der Dezemvirn gemäß sollte die Statue von der keuschesten der römischen

Damen geweiht werden. Der Senat forderte, die Frauen sollten selbst entscheiden, wer aus der Menge der keuschen Frauen, die es damals in Rom noch in großer Zahl gab, die keuscheste sei. Auf Betreiben der Damen hin wurden zunächst hundert Frauen aus allen Schichten ausgewählt, die aufgrund ihrer Tugendhaftigkeit in besonderem Ansehen standen. In diese Auswahl wurde auch Sulpicia mit aufgenommen. Dann entschieden auf Befehl des Senats hin dieselben Frauen, welche zehn von den hundert die angesehensten waren. Und auch zu diesen wurde Sulpicia gezählt. Als schließlich von diesen zehn eine Einzige ausgewählt werden sollte, entschied man sich einstimmig für Sulpicia. Es war für sie sicherlich sehr ehrenvoll, damals die Statue der Venus Verticordia geweiht zu haben, weitaus größeren Ruhm brachte es ihr jedoch ein, dass sie in den Augen einer so großen Menschenmenge alle anderen Frauen an Keuschheit übertraf: Nicht nur erfuhr sie die allgemeine Bewunderung der Anwesenden und erschien allen beinahe wie eine Göttin der himmlischen Keuschheit, sondern ihr Name scheint auch durch die Verehrung aller späteren Generationen in unvergänglichem Ruhm gehalten zu werden.

Nun mag man aber einwenden: Wenn hundert tugendhafte Frauen ausgewählt wurden, inwiefern konnte dieser einen ein höheres Maß an Tugendhaftigkeit zugesprochen und ihr der Vorzug gegeben werden? Klar ist, dass jene Männer oder Frauen, die meinen, Tugendhaftigkeit bedeute lediglich, auf Geschlechtsverkehr mit anderen Männern als dem eigenen zu verzichten, noch einmal nachdenken sollten. Aus einer vernünftigeren Perspektive betrachtet besteht Tugendhaftigkeit nämlich nicht nur darin, sich der Umarmungen fremder Männer zu enthalten, was viele ja – wenn auch unfreiwillig – tun. Damit sie vollends tugendhaft genannt werden kann, gebührt es sich außerdem für eine Dame, insbesondere ihre lüstern umherschweifenden Blicke im Zaum zu halten und sie auf den Saum ihres Gewandes zu richten; nicht nur ehrenhafte, sondern wenige und dem Anlass angemessene Worte zu äußern; Müßiggang, den sichersten und schädlichsten Feind der Tugendhaftigkeit, zu fliehen; auf Festgelage zu verzichten, da Venus ohne Bacchus und Ceres von allein abkühlt; Singen und Tanzen, die Stachel der Ausschweifung, zu vermeiden; sich in Sparsamkeit und Nüchternheit zu befleißigen; sich um die häuslichen Dinge zu kümmern; ihre Ohren vor unanständigem Gerede zu verschließen; sich nicht draußen herumzutreiben; auf Schminke und unnötige Parfüms zu verzichten; überflüssigen Schmuck abzulehnen; schädliche Gedanken und Gelüste mit aller Kraft zu unterdrücken; sich den heiligen Gebräuchen hinzugeben und diese einzuhalten; und, um nicht alle anderen Nachweise vollendeter Keuschheit einzeln durchzugehen, nur ihren eigenen Mann in höchster Zuneigung zu lieben, allen anderen nichts als brüderliche Nächstenliebe entgegenzubringen und sich ihrem Mann – mit sittsamem Antlitz und Geist – nur zum Beischlaf zu nähern, um Nachkommen zu zeugen.

Da vermutlich all diese Dinge bei den anderen Frauen nicht in ihrer Gesamtheit anzutreffen waren und nur bei Sulpicia allein nachgewiesen wurden, gab man ihr verdientermaßen den Vorzug vor den anderen.

Von Drypetrua,
der Königin von Laodikeia

Wir lesen, dass Drypetrua die Königin von Laodikeia* und Tochter Mithridates' des Großen* war. Auch wenn sie sich durch jene Treue auszeichnete, die uns alle mit unseren Eltern verbindet, machte sie Mutter Natur durch ein beispielloses Werk meiner Meinung nach noch viel erinnerungswürdiger. Denn, wenn man den Schriften der antiken Autoren Glauben schenken kann, war sie mit einer doppelten Zahnreihe geboren worden und bot den Völkern Asiens jener Zeit einen monströsen Anblick. Auch wenn diese ungewöhnliche Anzahl von Zähnen für sie beim Kauen kein Hindernis darstellte, war sie dennoch nicht frei von dieser auffälligen Entstellung, die sie – wie bereits erwähnt – durch lobenswerte Treue ausglich. Denn als ihr Vater Mithridates von Pompeius dem Großen besiegt wurde, scheute sie keine Gefahren und Mühen und blieb stets an seiner Seite. Und durch diesen treuen Gehorsam legte sie ein Zeugnis dafür ab, dass man die Vergehen der Natur nicht seinen Eltern anlasten sollte.

Von Sempronia,
der Tochter des Gracchus

Sempronia war die Tochter von Titus Sempronius Gracchus, einem der berühmtesten Männer seiner Zeit, und von Cornelia, der Tochter von Scipio Africanus dem Älteren. Sie war außerdem die Gattin des ruhmreichen Scipio Aemilianus, der später wegen der Zerstörung Karthagos denselben Beinamen wie sein Großvater bekam, sowie die Schwester von Tiberius und Gaius Gracchus. Hinsichtlich ihrer intellektuellen Fähigkeiten und ihrer Charakterfestigkeit stand sie ihren Vorfahren in nichts nach. Man erzählt, dass sie, nachdem ihre Brüder wegen der von ihnen verursachten Aufstände ermordet worden waren, zu ihrer größten Bestürzung von einem Volkstribun vor ein öffentliches Gericht gebracht wurde. Dort wollten sie die Volkstribunen, unterstützt von der versammelten Menschenmenge, dazu zwingen, einen gewissen Equitius, einen Mann aus Firmum Picenum*, zu küssen und diesen als ihren Neffen, und damit als Sohn des Tiberius Gracchus, in die Familie der Sempronier aufzunehmen. Und obwohl sie sich an einem Ort befand, an dem selbst Fürsten es für gewöhnlich mit der Angst zu tun bekommen, und sie dort dem wüsten Geschrei des Pöbels ausgesetzt war und sich den bedrohlichen Gesichtern der höchsten Autorität der Tribunen gegenübersah, geriet Sempronias Standhaftigkeit in keinerlei Hinsicht ins Wanken. Sie wusste nämlich genau, dass ihr Bruder Tiberius nicht mehr als drei Söhne hatte, von denen der eine während seines Militärdienstes auf Sardinien in jungen Jahren verstorben war, der andere kurz vor dem Sturz seines Vaters in Rom den Tod gefunden hatte und der dritte noch ein kleines Kind war, das nach der Ermordung seines Vaters geboren worden war und nun von einer Amme großgezogen wurde. Mit standhaftem Gemüt, mit strengem Blick und ohne jegliche Furcht wies sie den anmaßenden Fremdling Equitius, der mit seiner verlogenen Vorführung das ruhmreiche Geschlecht der Gracchen beschmutzen wollte, schmählich von sich und konnte weder durch Befehle noch durch Drohungen dazu bewegt werden, das zu tun, was man von ihr verlangte. Durch diese beherzte Zurückweisung des Equitius wurde einerseits die Dreistigkeit dieses anmaßenden Mannes zunichtegemacht, andererseits erkannten und rühmten die Tribunen, nach einer genaueren Prüfung der Angelegenheit, die Beharrlichkeit des edlen Geistes der Sempronia.

Es mag nun Leute geben, die der Ansicht sind, Sempronia habe es zwar wegen ihrer Vorfahren verdient, unter die berühmten Frauen aufgenommen zu werden, aber nicht wegen ihrer Beharrlichkeit, da Frauen doch von Natur aus in allen Situationen eine feststehende Meinung haben und ihren Sinn nicht beugen. Das will ich gar nicht leugnen, aber dennoch finde ich, dass man sie rühmen muss, wenn sie sich dabei auf die Wahrheit stützen, wie das bei Sempronia sicherlich der Fall war.

Auch meinen einige, dass sie über einen derart unbeugsamen Willen verfügte, dass sie nichts, das gegen ihre Entscheidung getan wurde, ungestraft ließ, wenn sie die Gelegenheit dazu hatte. Aus diesem Grund glauben sie auch, dass sie der Ermordung ihres Gatten Scipio zugestimmt hatte: Dieser war nämlich nach der Zerstörung Numantias* gefragt worden, ob Tiberius seiner Ansicht nach zu Recht getötet worden war, und hatte unter völliger Missachtung ihrer Verwandtschaft den grausamen Tod ihres aufrührerischen Bruders gutgeheißen.

Von Curia,
der Gattin des Quintus Lucretius

Curia war eine Römerin, ihrem Namen nach zu urteilen stammte sie aus dem Geschlecht der Curionen und ihren Taten nach zu urteilen ist sie ein glänzendes antikes Beispiel für bewundernswerte Standhaftigkeit und höchste Treue. Zu jener Zeit politischer Wirren, als auf Befehl der Triumvirn neue Proskriptionslisten in der Stadt aufgehängt wurden, befand sich nämlich auch ihr Gatte Quintus Lucretius unter den zahlreichen Geächteten. Und während die anderen umgehend ihre Heimat verließen und in den Höhlen wilder Tiere und der Einsamkeit der Berge oder sogar bei den Feinden des römischen Volkes Zuflucht suchten, versteckte nur er allein sich auf Anraten seiner innigst geliebten Gattin unerschrocken innerhalb der römischen Stadtmauern, in seinen eigenen vier Wänden, im Geheimnis ihres ehelichen Schlafzimmers, an der Brust seiner Gattin. Diese beschützte ihn auf so geschickte, beflissentliche und zuverlässige Weise, dass außer einer eingeweihten Dienerin nicht einmal irgendeiner von ihren engsten Vertrauten die Wahrheit erahnen, geschweige denn wissen konnte.

Vermögen wir uns vorzustellen, wie oft sich Curia, um die Situation raffiniert zu verheimlichen, in abgetragener Kleidung, ungepflegt, mit trauerndem Antlitz, mit Tränen in den Augen, mit wirrem Haar, ohne die üblichen Schleier und aus tiefster Brust ängstlich seufzend in der Öffentlichkeit zeigte, um den Anschein zu erwecken, sie habe den Verstand verloren? Wie oft sie geistesabwesend durch die Stadt lief, in die

Tempel ging, auf den Plätzen umherstreifte und mit zitternder und matter Stimme – als habe sie die Götter schon mit Gebeten und Gelübden überhäuft – Passanten und Freunde befragte, ob sie ihren Lucretius gesehen hätten oder ob sie wüssten, wo er sich aufhielt, wohin er geflohen war, mit welchen Gefährten, mit welcher Hoffnung? Wie oft sie ihnen sagte, dass sie sich am meisten wünschte, Flucht, Verbannung und Unannehmlichkeiten mit ihrem Mann teilen zu dürfen? Und dass sie, wie dies Unglückliche zu tun pflegen, wirklich alles daransetzte, das Versteck ihres Mannes geheim zu halten? Können wir uns schließlich ausmalen, mit welchen Schmeicheleien, Beschwichtigungen und Einflüsterungen sie den Geist der in das Geheimnis eingeweihten Dienerin stärkte und abhärtete? Und mit welchen Trostworten sie ihrem bangenden Mann Hoffnung spendete, sein ängstliches Herz ermutigte und dem Betrübten ein wenig Erheiterung verschaffte? Während sich die anderen unglücksseligen Geächteten in rauen Gebirgen, stürmischen Meeren und heftigen Unwettern, unter Nachstellungen von Barbaren, bedroht vom Hass ihrer Feinde und unnachgiebigen Verfolger großen Gefahren aussetzten, wurde allein Lucretius im Schoß seiner hingebungsvollen Gattin beschützt und gerettet. Und durch diese erhabene Tat erlangte Curia verdientermaßen ewigen Ruhm.

HORTENSIA

Von Hortensia,
der Tochter des Quintus Hortensius

Hortensia, die Tochter des berühmten Redners Quintus Hortensius, soll mit angemessenem Lobpreis gerühmt werden, bewahrte sie doch nicht nur die Redegewandtheit ihres Vaters Hortensius in ihrem lebhaften Geist, sondern auch seine ausdrucksstarke Vortragsweise je nach den Erfordernissen des Anlasses – eine Qualität, die bei hochgelehrten Männern meistens zu fehlen pflegt. Als die römischen Damen zur Zeit der Triumvirn aufgrund der Zwangslage der Republik mit beinahe unerträglichen Tributzahlungen belegt wurden, fand sich kein Mann, der es wagte, sie vor Gericht gegen diese unangemessenen Forderungen zu verteidigen. Sie allein wagte es, sich der Sache der Damen vor den Triumvirn mit standhaftem Gemüt anzunehmen. Bei ihrer Gerichtsrede setzte sie ihre unerschöpfliche Redegewandtheit so wirksam ein, dass ihre Zuhörer in höchster Bewunderung dachten, sie habe das Geschlecht gewechselt und der wiedergeborene Hortensius stünde vor ihnen.

Und dieses rühmliche Werk wurde von ihr nicht vergeblich begonnen und durchgeführt. Da sie nämlich ihrer Aufgabe in jeglicher Hinsicht treu blieb und ihre Rede oder die lobenswerte Darlegung ihres Rechts an keiner Stelle unterbrach, wurden ihre Forderungen von den Triumvirn in vollem Umfang anerkannt. Ja, sie gewährten sogar freizügig, dass der weitaus größere Teil der auferlegten Tribute erlassen werden sollte. Sie waren der Ansicht, dass bei Frauen Schweigsamkeit in der Öffentlichkeit ebenso zu loben sei wie kunstvolle und elegante Beredsamkeit, wenn es die Umstände erforderten. Nachdem dies schließlich erledigt war – was Hortensia zu höchstem Ruhm gereichte –, konnten die Damen die äußerst geringen verbleibenden Tributzahlungen problemlos begleichen. Nun, da wir gesehen haben, wie der alte Geist ihrer Familie in Hortensia weiterlebte – was kann ich noch sagen, außer dass sie den Namen Hortensia mit vollem Recht trug.

Von Cornificia,
einer Dichterin

Ob Cornificia eine Römerin war oder anderswoher kam, erinnere ich mich nicht, gelesen zu haben, die Zeugnisse der antiken Autoren zeigen jedoch, dass sie auf jeden Fall der Erinnerung würdig war. Sie lebte während der Herrschaft Octavians und ihre poetische Gelehrsamkeit strahlte so hell, dass sie nicht von italischer Milch, sondern von der Kastalischen Quelle* genährt worden zu sein schien und ihrem leiblichen Bruder Cornificius, einem bedeutenden Dichter aus derselben Generation, an Berühmtheit gleichkam. Aber sie gab sich nicht damit zufrieden, ihre glänzenden Fähigkeiten nur zum Studium der Literatur einzusetzen: Ich glaube, dass die heiligen Musen sie dazu anregten, mit gelehrter Feder unzählige helikonische Verse niederzuschreiben. Sie warf den Spinnrocken fort und verfasste viele ausgezeichnete Epigramme, die noch zu den Zeiten Hieronymus' des Älteren, eines wahrhaft heiligen Mannes, hoch angesehen waren – wie dieser selbst bezeugt. Ob diese auch noch in späteren Jahrhunderten überliefert wurden, kann ich nicht mit Sicherheit sagen.

Welch Ruhm für die Frauen, dass Cornificia weibliche Tätigkeiten vernachlässigte und ihren Geist dem Studium der größten Dichter zuwandte! Schämen sollen sich die Untätigen und all jene erbärmlichen Frauen, die kein Vertrauen zu sich selbst haben. Sie meinen ja fast, zur Muße und für das Ehebett geboren zu sein, und reden sich ein, nur zur Umarmung von Männern und zum Gebären und Aufziehen von Kindern nützlich zu sein, obwohl doch auch ihnen alles, was

Männer ruhmreich macht, zuteilwerden könnte, wenn sie sich voll und ganz dem Studium widmen wollten. Da sie die Kräfte, die ihr von der Natur mitgegeben worden waren, nicht einfach missachtete, gelang es Cornificia, mit ihrem Talent und Eifer ihr Geschlecht zu überwinden und sich durch ehrenvolle Mühen einen Namen für die Ewigkeit zu machen: und keinen gewöhnlichen, sondern einen einzigartigen und ausgezeichneten, was selbst nur wenigen Männern gelingt.

CLEOPATRA · ANTONIVS ·

Von Kleopatra,
der Königin der Ägypter

Die Ägypterin Kleopatra, über die man auf der ganzen Welt
spricht, führte ihr königliches Geschlecht auf den makedonischen König Ptolemäus, den Sohn des Lagos, zurück und war
die Tochter von Ptolemäus Dionysios oder – wie andere meinen – von König Mineus. Außer durch ihr schönes Gesicht
und die Tatsache, dass sie die Herrschaft über ihr Reich durch
ein Verbrechen erlangt hatte, zeichnete sie sich durch nichts
besonders aus und war auf der ganzen Welt vielmehr wegen
ihrer Habgier, ihrer Grausamkeit und ihrer Ausschweifungen
bekannt. Um nun mit dem Beginn ihrer Herrschaft den Anfang zu machen: Einigen Quellen zufolge soll Dionysios (oder
Mineus), ein großer Freund der Römer, der während des ersten Konsulats von Julius Caesar spürte, dass sein Tod nicht
mehr fern war, in seinem Testament verfügt haben, dass sein

ältester Sohn, dessen Name einigen Autoren zufolge Lysanias war, seine älteste Tochter Kleopatra zur Frau nehmen sollte und dass sie nach seinem Tod gemeinsam regieren sollten. Bei den Ägyptern war die schändliche Sitte weitverbreitet, nur Mütter und Töchter als potenzielle Ehefrauen auszuschließen, und so wurde sein Wille ausgeführt. Da Kleopatra auf die Herrschaft brannte, vergiftete sie einigen Quellen zufolge den unschuldigen fünfzehnjährigen Jüngling, der zugleich ihr Bruder und ihr Gatte war, und erlangte so die alleinige Macht im Reich. Weiter wird berichtet, dass sich Pompeius der Große, nachdem er bereits fast ganz Asien mit Waffengewalt erobert hatte, nach Ägypten wendete und dort ihren verstorbenen Bruder durch einen anderen Knaben ersetzte und diesen zum König von Ägypten machte. Kleopatra war darüber entrüstet und griff gegen diesen zu den Waffen. Nachdem Pompeius in Thessalien geschlagen und an der ägyptischen Küste von jenem Knaben, den er zum König gemacht hatte, ermordet worden war, fand Caesar, als er Pompeius nach Ägypten folgte, dort diese Situation vor: Kleopatra und der Knabe führten Krieg gegeneinander. Er ließ die beiden vorladen, damit sie ihm ihre Anliegen darlegten. Um nun von dem jungen Ptolemäus zu schweigen: Die von Natur aus arglistige und höchst selbstbewusste Kleopatra erschien vor Caesar im Schmuck ihrer königlichen Insignien. Sie hoffte das Reich für sich zu gewinnen, wenn sie es vermochte, den Bezwinger der Welt auf ihre zügellose Bahn zu bringen, und da sie wunderschön war und mithilfe ihrer funkelnden Augen und ihrer Redegewandtheit so gut wie alle Menschen für sich einnehmen konnte, kostete es sie nur wenig Mühe, den lüsternen Feldherrn in ihr Bett zu locken. Während Alexandria in Aufruhr war, verbrachte sie mehrere Nächte mit ihm und gebar ihm – wie beinahe alle Quellen bezeugen – einen Sohn, den sie später nach seinem Vater Caesarion nannte.

Nachdem Caesar aber auch den jungen Ptolemäus in die Freiheit entlassen hatte, wurde dieser von seinen Vertrauten dazu angestachelt, Krieg gegen seinen Befreier zu führen. Im Nildelta wollte er mit seinem Heer Mithridates aus Pergamon entgegentreten, der Caesar zu Hilfe gekommen war, wurde jedoch von Caesar besiegt, der auf einem anderen Weg vor ihm dort angelangt war. Ptolemäus versuchte, auf einem Schiff zu entkommen, dieses ging jedoch wegen des Gewichts der andrängenden Menschenmasse unter. So war der Frieden wiederhergestellt und die Alexandriner unterwarfen sich Caesar. Bevor dieser dann gegen Pharnakes zog, den König von Pontos, der auf Pompeius' Seite gestanden hatte, gewährte er Kleopatra, die sich nichts sehnlicher wünschte, – sozusagen als Lohn für die gemeinsamen Nächte und für ihre Treue – die Herrschaft über Ägypten. Ihre Schwester Arsinoe nahm er dabei mit, damit diese keine neuen Anschläge gegen ihn planen konnte. Kleopatra, die die Herrschaft also durch zwei Verbrechen erlangt hatte, gab sich nun ganz ihren Begierden hin, wodurch sie sich gewissermaßen zur Hure der orientalischen Könige machte, und sie war so begierig auf Gold und Edelsteine, dass sie diese nicht nur ihren Liebhabern geschickt aus der Tasche gezogen, sondern auch die Vasen, Statuen und anderen Schätze aus den Tempeln und heiligen Stätten der Ägypter an sich gerissen haben soll.

Nach Caesars Ermordung und dem Sieg über Brutus und Cassius reiste sie Antonius entgegen, der sich gerade auf dem Weg nach Syrien befand. Es war ihr ein Leichtes, diesen lasterhaften Mann mithilfe ihrer Schönheit und ihrer lüsternen

Blicke für sich einzunehmen und den Erbärmlichen in Liebe an sich zu binden. Um nun jegliche Bedrohung ihrer Herrschaft zu beseitigen, ging sie, die bereits ihren Bruder mit Gift getötet hatte, so weit, ihre Schwester Arsinoe durch Antonius im Diana-Tempel von Ephesos ermorden zu lassen, wo die Unglückselige Zuflucht gesucht hatte. Dies war die erste Gefälligkeit, die ihr von ihrem neuen Liebhaber für ihre Hurerei erwiesen wurde. Und da sie den Charakter des Antonius kannte, schämte sich die frevlerische Frau nicht, ihn um die Herrschaft über Syrien und Arabien zu bitten. Dies schien ihm freilich übertrieben und ziemlich unangemessen, aber er gab ihr, um den Wunsch der geliebten Frau dennoch zu erfüllen, einen kleinen Teil der beiden Reiche und fügte diesem noch alle Städte an der syrischen Küste zwischen dem Fluss Eleutheros und Ägypten hinzu, mit der Ausnahme von Sidon und Tyros.

Nachdem sie dies erreicht hatte, reiste sie mit Antonius, der gegen die Armenier oder – anderen Quellen zufolge – gegen die Parther zu Felde zog, bis an den Euphrat. Bei ihrer Rückkehr nach Ägypten über Syrien wurde sie von Herodes Antipatros, dem damaligen König der Juden, prachtvoll empfangen. Völlig schamlos lud sie ihn über Mittelsmänner in ihr Gemach und hoffte, falls er sich darauf einließ, von ihm als Gegenleistung das Reich von Judäa zu bekommen, das dieser selbst erst kurz zuvor mit Antonius' Hilfe erhalten hatte. Herodes aber durchschaute sie und ging auch aus Respekt vor Antonius nicht auf ihre Einladung ein. Und hätten ihn seine Freunde nicht davon abgehalten, wäre er sogar bereit gewesen, sie mit dem Schwert zu töten, um Antonius vom Schandfleck einer so liederlichen Frau zu befreien. Als sie ihre Pläne vereitelt sah, ließ sie es so aussehen, als hätte sie nur deshalb bei Herodes Halt gemacht, um ihm die Einkünfte aus Jericho zu verpachten, wo die Balsampflanze wächst. Diese brachte sie später selbst ins ägyptische Babylon, wo sie auch heute noch gedeiht. Daraufhin kehrte sie mit vielen Geschenken des Herodes beladen nach Ägypten zurück.

Nach seiner Flucht vor den Parthern kam auch Antonius dorthin zurück und ließ Kleopatra zu sich rufen. Mithilfe einer List hatte er Arthabazanes, den König von Armenien und Sohn des verstorbenen Tigranes, zusammen mit seinen Söhnen und Satrapen gefangen genommen, ihn all seiner Schätze beraubt und führte den Besiegten nun in silbernen Ketten mit sich. Um die geldgierige Kleopatra in seine Arme zu locken, warf der Schwächling der Herbeieilenden den gefangenen König in seinem ganzen königlichen Schmuck zusammen mit der Kriegsbeute in den Schoß. Über dieses Geschenk hocherfreut schloss die habgierige Frau den in Liebe zu ihr entbrannten Antonius so leidenschaftlich in ihre Arme, dass dieser Octavia, die Schwester von Caesar Octavian, verstieß und in seiner großen Liebe Kleopatra zur Frau nahm.

Um von den arabischen Salben, den Düften Sabas und den Trinkgelagen ganz zu schweigen: Der gefräßige Mann mästete sich andauernd mit den herrlichsten Speisen, und einmal fragte er Kleopatra – als wollte er ihre Gastmähler noch prächtiger machen –, was man den täglichen Speisen noch an Luxus hinzufügen könnte. Darauf antwortete die zügellose Frau, dass sie, wenn sie wollte, bei einer einzigen Mahlzeit zehn Millionen Sesterze verzehren könne. Antonius glaubte nicht, dass dies möglich sei, da er aber begierig darauf war, es zu sehen und zu kosten, ging er die Wette ein, und sie bestimmten Lucius Plancus zum Richter. Als am folgenden Tag die Speisen nicht luxuriöser waren als gewöhnlich und Antonius sie schon wegen der verlorenen Wette zu verspotten begann, befahl Kleopatra den Dienern, unverzüglich den zweiten Gang zu servieren. Diese waren zuvor eingeweiht worden und brachten nichts weiter als ein Gefäß mit besonders saurem Essig. Sie aber nahm unvermittelt von einem Ohr eine große Perle von unermesslichem Wert, die sie nach orientalischer Sitte als Schmuck trug, löste sie in dem Essig auf und trank das Gemisch. Und als sie mit derselben Absicht nach der zweiten, genauso wertvollen Perle griff, die sie am anderen Ohrläppchen trug, wurde Antonius von Lucius Plancus augenblicklich zum Verlierer erklärt. So ging die Königin als Siegerin hervor und die zweite Perle blieb unversehrt. Diese wurde später halbiert und ins Pantheon nach Rom gebracht, wo man sie an den Ohren der Venus anbrachte und so den Besuchern des Tempels noch lange Zeit später ein Zeugnis für die halbe Mahlzeit der Kleopatra präsentierte.

Da im Übrigen die Habgier der unersättlichen Frau nach Königreichen Tag für Tag größer wurde, forderte sie, um alle Reiche in einem einzigen zu vereinen, von dem betrunkenen Antonius – vermutlich, als dieser sich gerade von ebenjener erlesenen Mahlzeit erhob – gleich das ganze Römische Reich für sich, als ob es in seiner Macht läge, dies zu gewähren. Und Antonius, der nicht mehr ganz bei Sinnen war, gelobte feierlich, es ihr zu geben, ohne seine eigene Macht und die der Römer in Erwägung zu ziehen. Gütiger Gott! Wie groß auch die Dreistigkeit der Frau war, die dies forderte, so war doch die Dummheit des Mannes, der es ihr versprach, nicht geringer. Und was für ein großzügiger Mann! In so vielen Jahrhunderten, gegen so viele Widerstände, mit dem vergossenen Blut und dem Tod so vieler berühmter Männer und so vieler Völker, mit so vielen erhabenen Taten und in so vielen Kriegen war dieses Reich mühevoll errungen worden – und der Unbesonnene gewährte es der Frau auf ihre Bitte hin und wollte es ihr auf der Stelle übergeben, als handelte es sich hierbei um den Besitz eines kleinen Häuschens.

Was noch? Wegen der Verstoßung Octavias schien die Saat des Krieges zwischen Octavian und Antonius bereits gesät zu sein, und genau aus diesem Grund versammelten dann auch beide Seiten ihre Truppen und es kam zum Krieg. Antonius und Kleopatra zogen mit ihrer Flotte, die mit purpurnen Segeln und Gold geschmückt war, nach Epiros. Dort trafen sie auf ihre Feinde und es kam zu einer Schlacht zu Lande. Antonius wurde besiegt und zog sich mit seiner Flotte nach Actium zurück, um dort sein Glück in einer Seeschlacht zu versuchen. Zusammen mit seinem Schwiegersohn Agrippa trat Octavian ihm entgegen und begann mit seiner riesigen Flotte ein waghalsiges Angriffsmanöver. Eine Zeit lang blieb der heftig geführte Kampf unentschieden. Als jedoch die Seite des Antonius zu unterliegen schien, ergriff Kleopatra unverfroren als Erste von allen mit ihrem goldenen Schiff und sechzig anderen die Flucht. Unverzüglich warf Antonius die Prätoren-Abzeichen seines Schiffes über Bord und folgte ihr. Nachdem sie nach Ägypten zurückgekehrt waren, schickten sie ihre gemeinsamen Kinder ans Rote Meer und mobilisierten vergeblich ihre Kräfte zur Verteidigung des Reichs. Denn Octavian war ihnen nachgefolgt und erschöpfte ihre Kräfte in vielen, für ihn siegreichen Schlachten. Zu spät erklärten sie sich bereit, Friedensbedingungen zu verhandeln, und da ihnen diese nicht gewährt wurden, soll sich der verzweifelte Antonius einigen Quellen zufolge im königlichen Mausoleum mit dem Schwert getötet haben. Nach der Eroberung Alexandrias versuchte Kleopatra vergeblich mit ihren bewährten Künsten den jungen Octavian zu verführen, wie sie zuvor schon Caesar und Antonius in ihr Bett gelockt hatte. Als sie jedoch erfuhr, dass man sie nur verschont hatte, um sie im Triumphzug mitzuführen, war sie so verzweifelt, dass sie keinen anderen Ausweg mehr sah, als in königlichem Ornat ihrem Antonius nachzufolgen. Sie legte sich neben ihn, schnitt sich die Venen auf und legte mit ihren letzten Kräften Hypnales-Schlangen an die Wunden. Man sagt, dass diese Schlangen zusammen mit dem Schlaf den Tod bringen. So entschlief die Unglückselige und setzte ihrer Habgier, ihrer Wollust und ihrem Leben ein Ende. Octavian versuchte noch vergeblich, sie wieder ins Leben zurückzuholen, und ließ die vergifteten Wunden von Angehörigen des Volkes der Psyller* behandeln.

Andere Quellen wiederum behaupten, sie sei bereits früher und auf andere Art und Weise gestorben. Ihnen zufolge soll Antonius nämlich schon während der Vorbereitungen zur Schlacht von Actium begonnen haben, Kleopatras Freundlichkeit zu misstrauen, und aus diesem Grund nur noch vorgekostete Getränke und Speisen zu sich genommen haben. Als dies Kleopatra zu Ohren kam, wollte sie ihm ihre Treue beweisen und ließ zu diesem Zweck die Blumen, mit denen am Tag zuvor ihre Kronen geschmückt worden waren, mit Gift beträufeln. Dann lud sie Antonius zu einem Fest und forderte ihn bei fortgeschrittener Ausgelassenheit dazu auf, die Blumen zu trinken. Dieser gab sie in einen Kelch, und als er gerade zum Trinken ansetzen wollte, fiel sie ihm in den Arm und sagte: «Mein heißgeliebter Antonius, ich bin es, Kleopatra, die du durch diese neue und ungewohnte Vorkosterei als eine Verdächtige hinstellst. Könnte ich wirklich ertragen, dass du Gift trinkst, hätte ich heute sowohl eine Gelegenheit dazu als auch ein Motiv dafür gehabt.» Als Antonius durch ihre Enthüllung von dem Betrug erfuhr, ließ er sie einsperren und zwang sie den Kelch zu leeren, den sie ihn nicht hatte trinken lassen. Und so soll sie gestorben sein.

Die erste Version ist weiter verbreitet, und es ließe sich noch hinzufügen, dass Octavian jenes Grabmal fertigstellen ließ, das Antonius mit Kleopatra zu bauen begonnen hatte, und dass die beiden in diesem zusammen bestattet wurden.

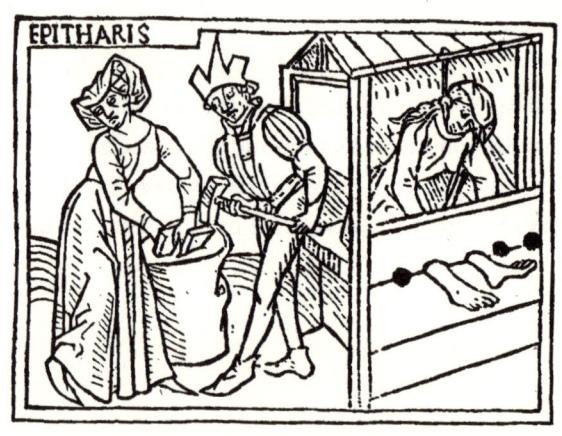

Von Epicharis,
einer Freigelassenen

Epicharis wird eher für eine Fremde als für eine Römerin gehalten und verfügte über keinerlei ruhmhafte Abstammung, da sie die Tochter eines Freigelassenen und selbst eine Freigelassene war. Was aber weitaus schändlicher ist, sie pflegte nicht die schönen Künste. Am Ende ihres Lebens offenbarte sie jedoch mit männlicher Stärke ihre edle Gesinnung.

Als die Unverschämtheiten und Ausschweifungen des römischen Kaisers Nero in Rom und ganz Italien immer mehr zunahmen, verschworen sich einige Senatoren und andere Bürger unter der Führung von Lucius Piso gegen ihn. Während sie in mehreren Versammlungen versuchten, die Sache zu Ende zu bringen, erlangte jene Epicharis – ich weiß nicht, auf welchem Weg – Kenntnis von der ganzen Angelegenheit und von den Namen der Verschwörer. Da sich die Sache aber ihrer Ansicht nach allzu sehr hinzog, reiste sie voll Überdruss nach Kampanien ab. Als sie sich gerade in Puteoli aufhielt, wandte sie sich, um ihre Zeit nicht ungenutzt zu lassen, an Volusius Proculus, den Befehlshaber der römischen Flotte, der einst Agrippina* ermordet hatte. Sie dachte, dass es der Verschwörung einen großen Vorteil verschaffen würde, wenn sie diesen auf ihre Seite ziehen könnte. Nachdem sie ihm ausführlich Neros Schandtaten, Abscheulichkeiten, Unanständigkeiten, Unverschämtheiten und schließlich auch dessen Undankbarkeit ihm gegenüber vor Augen geführt hatte – war er doch nach einer solchen Großtat, wie es die Ermordung Agrippinas war, auf keinerlei Weise befördert worden, obwohl er das wirklich verdient hätte –, weihte sie ihn in die Verschwörung ein und versuchte mit allen Mitteln, ihn für ihre Sache zu gewinnen. Es lief dann jedoch ganz anders, als Epicharis gedacht hatte. Denn sobald Volusius eine Audienz bei Nero gewährt wurde, berichtete er diesem alles, was Epicharis ihm erzählt hatte, um durch diese Gefälligkeit die Gunst des Kaisers zu gewinnen. Doch auch er erreichte nicht, was er geplant hatte, da die gewiefte Frau dem noch unentschlossenen Mann die Namen der Verschwörer nicht preisgegeben hatte. Sie wurde herbeizitiert, doch erwies es sich als unmöglich, irgendetwas aus ihr herauszubekommen. Während sie noch in Gefangenschaft war, wurde das Komplott jedoch durch einen Zufall von den Verschwörern selbst verraten, und man lud Epicharis zu einem zweiten Verhör vor, in der Annahme, es wäre leichter, die gewünschten Informationen aus ihr herauszubekommen, da sie als Frau Foltern schwerer ertragen würde als Männer. Lange quälten sie die Folterknechte und gingen dabei immer grausamer vor, um nicht den Eindruck aufkommen zu lassen, sie ließen sich von einer Frau in die

Knie zwingen, sie jedoch gab keines der Geheimnisse preis, die sie in ihrem standhaften Herzen verschlossen hielt. Am Ende beschloss man, es am folgenden Tag noch einmal zu versuchen. Aus Furcht, dass sie einer dritten Befragung nicht würde standhalten können, löste sie ihr Brustband und befestigte es am Baldachin der Sänfte, auf der sie nun getragen wurde, da sie nicht mehr laufen konnte. Sie legte ihren Kopf in diese Schlinge, warf sich mit dem ganzen Gewicht ihres Körpers hinein und tötete sich so auf grausame Weise selbst, um der Verschwörung nicht zu schaden. Damit strafte sie auch das alte Sprichwort Lügen, dem zufolge Frauen nur das verschweigen, was sie nicht wissen. Und so ließ sie Nero mit leeren Händen und in großer Beunruhigung zurück.

Auch wenn das für eine Frau eine große Tat war, so erscheint sie als noch bemerkenswerter, wenn man sich die Schwachheit der an dieser Verschwörung beteiligten Ehrenmänner vor Augen führt: Keiner von ihnen – die nicht von Epicharis, sondern von jemand anderem verraten worden waren – war stark genug, um seiner selbst willen das zu erdulden, was die Frau um anderer willen erduldet hatte. Schon bei der bloßen Erwähnung des Wortes «Folter» erzählten sie augenblicklich alles, was sie über die Verschwörung wussten. So verschonten sie weder sich selbst noch ihre Freunde, wohingegen die ruhmreiche Frau alle anderen außer sich selbst verschont hatte.

Ich würde meinen, dass die Natur bisweilen Fehler begeht, wenn sie Seelen mit menschlichen Körpern verbindet: wenn sie beispielsweise eine Seele in eine weibliche Brust gießt, die sie für eine männliche vorgesehen hatte. Da jedoch Gott selbst der Schöpfer solcher Menschen ist, wäre es verwerflich zu glauben, er sei bei seiner Schöpfung kurz weggenickt. Es ist daher anzunehmen, dass ein jeder von uns eine vollendete Seele mit auf den Weg bekommen hat – ob wir sie als solche bewahren, zeigt sich dann an unseren Taten. Meiner Meinung nach sollten sich alle Männer wirklich schämen, wenn sie von einer Frau übertroffen werden, nicht nur, wenn es sich um eine leichtlebige handelt, sondern auch, wenn es eine ist, die mit größter Standhaftigkeit jegliche Mühe erträgt. Denn wenn wir das stärkere Geschlecht sein sollen, wäre es dann nicht angemessen, dass wir uns auch durch Stärke auszeichnen? Wenn dies nicht der Fall ist, sind wir genauso Schwächlinge wie die Verschwörer und erscheinen zu Recht als unmoralisch.

Von Proba,
der Gattin des Adelphus

Proba war aufgrund ihres literarischen Wissens eine überaus erinnerungswürdige Frau, wie sowohl ihr Handeln als auch ihr tüchtiger Name nahelegen. Ihre Familie und Abstammung sind unbekannt, aber einige behaupten – was, wie ich glaube, reine Mutmaßung ist –, sie sei Römerin (andere bekannte Männer meinen, sie stamme aus der Stadt Ortis), die Gattin eines gewissen Adelphus und christlichen Glaubens.

Von welchem Lehrer auch immer sie unterrichtet worden war – es lässt sich ganz klar erkennen, dass ihre Stärke auf dem Gebiet der freien Künste lag. In der Tat erlangte sie durch ihr aufgewecktes Interesse, neben anderen Studien, eine derartige Gelehrsamkeit und Vertrautheit mit den Gedichten des Vergil, dass sie diese stets vor Augen und im Gedächtnis zu haben schien, wie durch beinahe jedes ihrer Werke bezeugt wird. Vielleicht als sie Vergils Werke einmal mit noch scharfsichtigerer Aufmerksamkeit las, kam ihr in den Sinn, dass man mit diesen die gesamte Geschichte des Alten und Neuen Testaments in gefälligen, einfachen und lebendigen Versen nacherzählen könnte. Es ist sicherlich bewundernswert, dass eine solch erhabene Überlegung in einem weiblichen Geist aufkam, weitaus wunderbarer aber war, dass Proba diese auch in die Tat umsetzte. Sie führte das Werk also mit frommem Vorsatz aus, ging zumindest die «Bucolica», die «Georgica» und die «Aeneis» von vorne bis hinten durch, wählte aus einem Abschnitt ganze Verse, aus einem anderen nur Teile eines Verses und fügte sie mit außerordentlicher Kunstfertigkeit für ihr Vorhaben zusammen. Hierbei verband sie die Verse und die Versteile unter Berücksichtigung der metrischen Gesetzmäßigkeiten und der Anmut der Gedichte auf so geschickte Weise, dass niemand, außer ein wirklicher Experte, die Nahtstellen erkennen konnte. Vom Ursprung der Welt bis zur Aussendung des Heiligen Geistes komponierte sie alle Geschichten aus den Schriften des Alten und des Neuen Testaments auf so elegante Weise, dass jemand, der von dieser Zusammenstellung nichts wusste, Vergil leicht für einen Propheten und Evangelisten zugleich halten konnte. Daraus lässt sich der nicht weniger bewunderungswürdige Umstand erkennen, dass diese Frau über eine vollständige oder zumindest sehr umfassende Kenntnis der heiligen Schriften verfügte. Dass dies in unserer Zeit auch bei Männern nur selten der Fall ist, ist uns schmerzlich bewusst.

Auch wollte die außergewöhnliche Frau, dass das von ihr mit viel Aufwand verfasste Werk «Cento» genannt wurde – wir selbst haben es unzählige Male konsultiert. Und je mehr wir es des ewigen Gedenkens für würdig erachten, desto weniger glauben wir, dass sich der Geist dieser berühmten Frau mit dieser einen Aufgabe zufriedengab. Nein, ich bin der tiefen Überzeugung, dass sie, wenn sie danach noch längere Zeit am Leben war, auch noch anderes Lobenswertes produzierte, was uns nun jedoch wegen der Nachlässigkeit der Kopisten unglücklicherweise nicht mehr zur Verfügung steht.

Darunter befand sich – wie manche meinen – auch ein «Homer-Cento», das sie mit derselben Kunstfertigkeit und mit demselben Stoff wie bei Vergil aus Versen von Homer zusammenstellte. Wenn das stimmt, lässt sich daran ablesen, dass sie in griechischer Literatur ebenso hochgebildet war wie in lateinischer, was ihren Ruhm noch vergrößern würde.

Was ist nun aber wünschenswerter, als von einer Frau zu hören, welche die Gedichte Vergils und Homers skandiert und daraus auswählt, was für ihr eigenes Werk geeignet ist? Wie sie die ausgesuchten Stellen zu einem kunstvollen Ganzen zusammenfügt, das sollen sich jene hochgelehrten Männer einmal genauer ansehen, für die es – obwohl sie herausragende Experten der heiligen Schriften sind – mühsam und schwierig ist, aus dem weiten Schoß der Heiligen Schrift hier und da Stellen herauszugreifen und in gewöhnlicher Sprache und in Prosa zu einer kohärenten Erzählung des Lebens Christi zu verbinden, wie Proba das mit den Versen heidnischer Gedichte getan hat.

In Anbetracht der Gepflogenheiten der Frauen hätten ihr Spinnrocken, Nadel und Webstuhl genügen können, wenn sie, wie die meisten, ein geistloses Leben hätte führen wollen. Da sie sich aber mit großem Eifer dem Studium der heiligen Schriften widmete und von ihrem Verstand den ganzen Rost der Untätigkeit entfernte, trat sie in den Glanz des ewigen Lichtes. Wenn doch all jene Frauen dies guten Mutes berücksichtigten, die sich Gelüsten und Müßiggang hingeben und für die es das Höchste ist, in ihrem Zimmer zu sitzen, die unwiederbringliche Zeit mit belanglosen Geschichtchen zu verschwenden, vom frühen Morgen bis spät in die Nacht andauernd schädliche oder sinnlose Plaudereien zu führen oder sich ausschließlich der Wollust hinzugeben! Sie würden einsehen, was für einen großen Unterschied es macht, ob man mithilfe von lobenswerten Werken nach Ruhm strebt oder den eigenen Namen zusammen mit seinem Leichnam zu Grabe trägt und aus dem Leben scheidet, als hätte man gar nicht gelebt.

Von Zenobia,
der Königin von Palmyra

Zenobia, die Königin von Palmyra, war den antiken Quellen zufolge eine Frau von so außergewöhnlicher Tugendhaftigkeit, dass sie alle anderen Heidinnen an Berühmtheit übertraf. Unter anderem zeichnete sie sich durch ihre Herkunft aus, soll sie doch von den berühmten ptolemäischen Königen Ägyptens abstammen. Der Name ihrer Eltern ist allerdings nicht überliefert. Auch erzählt man, dass sie von frühester Kindheit an jegliche Frauentätigkeit verachtete, ihren jungen Körper abhärtete, die meiste Zeit in Wäldern und Hainen lebte und mit dem Köcher auf dem Rücken Hirschen und Rehen im Lauf und mit Pfeilen nachstellte. Da sie immer stärker wurde, wagte sie es auch, sich Bären entgegenzustellen und Leoparden und Löwen aufzulauern, diese zu verfolgen, zu fangen, zu töten und als Beute fortzuschaffen. Unerschrocken durchstreifte sie Bergschluchten und Steilhänge, durchstöberte die Höhlen wilder Tiere, verbrachte sogar die Nächte unter freiem Himmel, ertrug Regen, Hitze und Kälte mit bewundernswerter Geduld, verschmähte die Liebe von und das Zusammenleben mit Männern und pflegte ihre Jungfräulichkeit als höchstes Gut. So soll sie weibliche Weichheit von sich ferngehalten und sich so sehr zu männlicher Härte gestählt haben, dass sie gleichaltrigen jungen Männern im Kampf und bei den Übungen in der Palästra kräftemäßig überlegen war.

Als sie jedoch ins heiratsfähige Alter kam, soll sie auf Anraten ihrer Freunde Odaenathus geheiratet haben, einen jungen Mann, der sich durch dasselbe Training abgehärtet hatte und bei Weitem der edelste der palmyrenischen Prinzen war. Zenobia war von blendender Schönheit, hatte – wie alle Bewohner jener Region aufgrund der sengenden Sonne – eine etwas dunklere Hautfarbe, schwarze Augen und schneeweiße Zähne. Als der Kaiser Valerian vom Perserkönig Schapur gefangen genommen und zu schändlicher Sklaverei verdammt wurde und sein Sohn Gallienus verweichlichte und in Untätigkeit erstarrte, rüstete sich Odaenathus zur Eroberung des östlichen Reichs. Als Zenobia dies sah, gedachte sie ihrer früheren Stärke, verbarg ihre Schönheit unter einer Rüstung und zog im Dienst ihres Mannes in den Krieg. Und nachdem sie zusammen mit diesem den Königstitel und die königlichen Insignien angenommen hatte, musterte sie mit ihm und ihrem Stiefsohn Herodes die Truppen und zog mutig gegen Schapur, der schon weite Teile Mesopotamiens besetzt hatte. Sie scheute keine Mühen und bezwang – teils als Anführerin, teils als Soldatin – nicht nur jenen wilden, kriegserfahrenen Mann im Kampf, sondern man glaubte auch, dass Mesopotamien durch ihr Verdienst unter ihre Herrschaft fiel und dass sie Schapur bis nach Ktesiphon trieb und verfolgte, nachdem sie sein Heerlager samt seiner Konkubinen und einer riesigen Menge an Beute erobert hatte. Kurz darauf sorgte sie gekonnt dafür, dass Quietus, der Sohn des Macrianus, der im Namen seines Vaters Anspruch auf das östliche Reich erhob, niedergeworfen wurde. Als sie gemeinsam mit ihrem Mann die Macht über die ganzen Gebiete im Osten, die an das Römische Reich grenzten, erlangt und diese befriedet hatte, wurde Odaenathus zusammen mit seinem Sohn Herodes von seinem Cousin Maeonius ermordet. Einigen Quellen zufolge geschah dies aus Eifersucht, andere wiederum behaupten, Zenobia hätte ihr Einverständnis zur Ermordung des Herodes gegeben, da sie immer wieder dessen Weichlichkeit missbilligt hatte und da sie das Reich an ihre Söhne Herennianus und Timolaus vermachen wollte, die sie zusammen mit Odaenathus gezeugt hatte.

Unter der Herrschaft des Maeonius verhielt sie sich eine Zeit lang ruhig. Als dieser jedoch bald darauf von seinen eigenen Soldaten ermordet wurde und der Thron unbesetzt war, übernahm die hochgesinnte Frau umgehend die langersehnte Herrschaft. Da ihre Söhne damals noch sehr jung waren, legte sie sich den Kaisermantel um die Schultern, schmückte sich mit den kaiserlichen Insignien und regierte das Reich im Namen ihrer Söhne länger, als es sich für ihr Geschlecht ziemte. Und Zenobia war keine schwache Herrscherin. Denn weder Gallienus noch sein Nachfolger Kaiser Claudius trauten sich, sie anzugreifen. Ebenso wenig wagten es die Völker des Ostens, die Ägypter, Araber, Sarazenen und nicht einmal die Armenier, die alle ihre Macht fürchteten und sich damit zufriedengaben, die eigenen Grenzen schützen zu können.

So groß war ihr Kriegseifer und so streng ihr Regiment, dass ihr riesiges Heer sie ebenso respektierte wie fürchtete. Niemals trat sie ohne Helm vor ihre Truppen. Auf ihren Feldzügen verwendete sie nur äußerst selten einen Kriegswagen, öfter ritt sie zu Pferde und manchmal ging sie zu Fuß drei oder vier Meilen lang zusammen mit ihren Soldaten den Feldzeichen voran. Und auch wenn sie für gewöhnlich nüchtern blieb, scheute sie doch nicht davor zurück, bisweilen mit ihren Generälen zu trinken. Dasselbe tat sie auch mit den Fürsten der Perser und Armenier, um diese an Leutseligkeit und Witz zu übertreffen. Sie wachte jedoch gleichzeitig so streng über ihre Keuschheit, dass sie sich nicht nur des Umgangs mit anderen Männern gänzlich enthielt, sondern wir lesen auch, dass sie sich – außer um Kinder zu zeugen – nicht einmal ihrem Mann Odaenathus hingeben wollte, als dieser noch lebte. Sie ging dabei äußerst planvoll vor und verzichtete nach dem Sex so lange auf weiteren Beischlaf, bis sie wusste, ob sie schwanger geworden war. Wenn dies der Fall war, duldete sie die Berührung ihres Mannes erst wieder, wenn sie nach der Geburt gereinigt worden war. Wenn sie aber merkte, dass sie nicht schwanger war, gab sie sich wieder gerne dem Verlangen ihres Mannes hin.

Wie lobenswert die Einstellung dieser Frau war! Es wird hieraus deutlich, dass sie die Ansicht vertrat, dass die Natur den Menschen aus keinem anderen Grund sexuelles Begehren einflößte als zur Erhaltung der Art durch Zeugung von Nachkommen und dass dieses ansonsten überflüssig und lasterhaft sei. Frauen von solch einer Gesinnung wirst du freilich nur höchst selten finden. Damit ihre Dienerschaft sie nicht von ihrem Vorsatz abbringen würde, ließ sie ihren Haushalt nie, oder nur äußerst selten, von jemand anderem als älteren und sittenstrengen Eunuchen besorgen. Auch lebte sie prunkvoll und luxuriös, umgeben von königlicher Pracht. Sie wollte nach persischer Art verehrt werden und hielt gleichzeitig Festmähler wie die römischen Kaiser ab, bei denen sie goldene, mit Juwelen verzierte Gefäße verwendete, von denen sie glaubte, sie hätten einst Kleopatra gehört. Und obwohl sie ihre Schätze sorgfältig zusammenhielt, war niemand hochherziger und freigebiger als sie, wenn sie es für angemessen erachtete. Auch wenn sie ihre Zeit zumeist mit Jagen und Kämpfen verbrachte, so hinderte dies sie nicht daran, auch Ägyptisch und unter dem Philosophen Longinos sogar Griechisch zu lernen. Mithilfe dieser Kenntnisse las sie höchst beflissentlich alle lateinischen, griechischen und anderen Geschichten und bewahrte sie in ihrem Gedächtnis. Doch damit nicht genug: Sie soll auch Zusammenfassungen dieser Werke geschrieben haben, und neben ihrer eigenen Sprache konnte sie auch Ägyptisch, das sie verwendete, obwohl sie auch Syrisch sprach.

Was noch? Zenobia erlangte so große Bedeutung, dass Aurelian, ein Mann von unbescholtener Tugendhaftigkeit, der nach dem Tod von Gallienus, Aurelius und Claudius die Kaiserwürde übernahm, gegen sie zu Felde zog, um den Namen der Römer von jenem Schandfleck zu befreien und unermesslichen Ruhm zu erlangen. Nachdem er nämlich den Krieg gegen die Markomannen zu Ende geführt und die Angelegenheiten in Rom in Ordnung gebracht hatte, setzte er einen gut geplanten Feldzug gegen Zenobia ins Werk und erreichte schließlich, nachdem er schon etliche Barbarenvölker besiegt hatte, mit seinen Legionen die Stadt Emesa. Dort hatte Zenobia, die sich nicht im Geringsten einschüchtern ließ, zusammen mit einem gewissen Zaba, den sie als Verbündeten gewonnen hatte, mit ihrem Heer Stellung bezogen. Es kam zu einer verbissenen und langen Schlacht zwischen Aurelian und Zenobia. Als schließlich die römischen Truppen die Oberhand zu gewinnen schienen, ergriff Zenobia die Flucht und zog sich mit ihren Leuten nach Palmyra zurück, wo sie umgehend von ihrem Bezwinger belagert wurde. Eine Zeit lang weigerte sie sich, irgendwelche Kapitulationsbedingungen anzunehmen, und verteidigte die Stadt mit großem Geschick. Als den Palmyrenern dann aber die Vorräte ausgingen, hatten sie den Truppen Aurelians nichts mehr entgegenzusetzen, und nachdem dieser auch die Perser, Armenier und Sarazenen aufgehalten hatte, die Zenobia zu Hilfe gekommen waren, wurde die Stadt von den Römern gewaltsam erobert.

Zenobia floh mit ihren Kindern auf Dromedaren nach Persien, wurde jedoch von Aurelians Soldaten verfolgt, samt ihren Kindern gefangen genommen und lebend vor den Kaiser gebracht. Aurelian brüstete sich damit, als hätte er den größten Heerführer und bittersten Staatsfeind aller Zeiten bezwungen, bewahrte sie für seinen Triumphzug auf und brachte sie und ihre Kinder nach Rom. Bei Aurelians Triumphzug sorgte Zenobias Anwesenheit dann für ein bewundernswertes Spektakel: Er führte neben anderen außergewöhnlichen und erinnerungswürdigen Dingen auch den kostbaren Wagen mit, den sich Zenobia aus Gold und Juwelen in der Hoffnung hatte bauen lassen, dass sie einst nicht als Gefangene, sondern als triumphierende Siegerin und Herrscherin des Römischen Reiches nach Rom kommen würde. Nun ging sie mit ihren Kindern zu Fuß davor her. Goldene Ketten waren ihr um Hals, Hände und Füße gelegt worden und sie wurde zusätzlich vom Gewicht einer Krone, von königlichen Gewändern, von Perlen und Edelsteinen so sehr niedergedrückt, dass sie trotz ihrer unerschöpflichen Kräfte oftmals stehen bleiben musste. Nach dem Ende des aufgrund seiner Schätze und des Heldenmuts des Geehrten spektakulären Triumphzugs soll Zenobia bis ins hohe Alter als Privatperson zusammen mit ihren Kindern unter den römischen Frauen gelebt haben. Der Senat hatte ihr bei Tibur ein Grundstück zugestanden, das noch lange Zeit später nach ihr das «Zenobianische» genannt wurde und sich unweit vom Palast des göttlichen Hadrian an einem Ort befand, der von den Einwohnern Conca genannt wurde.

Von der Päpstin Johanna,
einer Engländerin

Johannes schien dem Namen nach ein Mann gewesen zu sein, war dem Geschlecht nach aber eine Frau. Ihre beispiellose Verwegenheit sorgte dafür, dass sie auf der ganzen Welt auch noch bei späteren Generationen große Bekanntheit erlangte. Manchen Quellen zufolge soll ihre Heimat Mainz gewesen sein, ihr wirklicher Name ist nur spärlich bezeugt, einige behaupten, dass sie vor ihrer Erhebung ins Papstamt Gilbert geheißen habe. Nach Ansicht einiger Quellen gilt als gesichert, dass sie als Mädchen von einem jungen Studenten geliebt wurde, dessen Liebe sie so innig erwiderte, dass sie jegliche jungfräuliche Scheu und weibliche Ängstlichkeit ablegte, sich heimlich aus ihrem Vaterhaus stahl und ihrem Geliebten in Knabenkleidung und unter falschem Namen nachfolgte. In England, wo er studierte, wurde sie von allen für einen Geistlichen gehalten und so befleißigte sie sich in den Künsten der Liebe und der Literatur. Als der Jüngling dann aber starb, legte sie im Bewusstsein ihrer intellektuellen Fähigkeiten und angezogen vom Reiz der Wissenschaft ihr Gewand nicht mehr ab und wollte weder eine Verbindung mit einem anderen Mann eingehen noch sich als Frau zu erkennen geben. Und da sie sich so fleißig und hartnäckig ihren Studien widmete, brachte sie es mit ihren Kenntnissen der freien Künste und der heiligen Schriften so weit, dass man sie darin für besser als alle anderen erachtete. Und so ging sie mit bewundernswertem Wissen ausgestattet und schon in fortgeschrittenem Alter von England nach Rom. Dort unterrichtete sie einige Jahre lang das Trivium* und hatte dabei berühmte Zuhörer. Neben ihrer Gelehrsamkeit erlangte sie auch durch ihre einzigartige Tugendhaftigkeit und Frömmigkeit ein hohes Ansehen und wurde von allen für einen Mann gehalten. So war sie bei vielen bekannt, und nach dem Tod von Papst Leo V. wurde sie von den Kardinälen einstimmig zum neuen Papst gewählt und Johannes genannt. Wäre sie ein Mann gewesen, hätte sie den Titel Johannes VIII. getragen. Sie jedoch scheute sich nicht, auf dem Stuhl Petri Platz zu nehmen und alle heiligen Ämter auszuführen und anderen auszulegen – was in der christlichen Religion einer Frau nicht erlaubt ist. Einige Jahre lang hatte sie das höchste Apostelamt inne und war als Frau die Stellvertreterin Christi auf Erden.

Dann erbarmte sich Gott in der Höhe seines Volks und erduldete nicht länger, dass eine Frau eine so hervorgehobene Stellung einnähme, über so viele Menschen regierte und sie mit einer so unsäglichen Täuschung hinters Licht führte. Da sie gewagt hatte, was ihr nicht ziemte, und auch nicht davon abließ, überließ er sie sich selbst. Auf Einflüsterung des Teufels hin, der die Verwegene zu jenem großen Frevel verführt hatte und sie daran festhalten ließ, verfiel sie, die im Privaten außerordentlich tugendhaft gewesen war, nun in der erhabenen Würde des Pontifikats dem Feuer der Wollust. Und zur Befriedigung ihrer Gelüste mangelte es ihr nicht an Kunstgriffen, hatte sie doch auch schon lange ihr Geschlecht zu verheimlichen gewusst. Sie fand einen Mann, der im Verborgenen den Nachfolger Petri bestieg und ihre brennende Geilheit abwetzte, und so geschah es, dass der Papst schwanger wurde.

Wie schändlich dieses Verbrechen war! Und wie unbezwingbar die Nachsicht Gottes! Doch was folgte dann? Die Findigkeit jener Frau, die lange die Augen der Menschen geblendet hatte, versagte dabei, die unreine Geburt zu verbergen. Sie war dem Tag der Niederkunft schon näher, als sie hoffte, als sie bei einer heiligen Prozession auf dem Weg vom Gianicolo zum Lateran zwischen dem Colosseum und der Kirche des Papstes Clemens durch eine Geburt ohne Hebamme vor aller Augen offenbarte, was sie so lange trügerisch vor allen Menschen, außer ihrem Geliebten, verborgen hatte. Daraufhin wurde sie von den Kardinälen verstoßen, und die Elende zog mit ihrem Kind davon. Um Abscheu für ihre Unflätigkeit zum Ausdruck zu bringen und um die Erinnerung an ihre Schandtat wachzuhalten, meiden die Päpste bis zum heutigen Tag, wenn sie die heilige Prozession vor Klerus und Volk anführen, angeekelt die Stelle der Niederkunft, obwohl sie mitten auf ihrem Weg liegt, machen einen Umweg über Seitenstraßen und Gassen und kehren erst dann auf den ursprünglichen Prozessionsweg zurück, wenn sie den abscheulichen Ort umgangen haben.

Von Camiola,
einer Witwe aus Siena

Die Witwe Camiola, berühmt wegen ihrer Schönheit, ihres hochherzigen und ehrbaren Verhaltens sowie ihrer lobenswerten Tugendhaftigkeit, stammte aus Siena und war die Tochter des Ritters Lorenz von Thüringen. Sie verbrachte ihr ebenso rühmenswertes wie außergewöhnliches Leben zusammen mit ihren Eltern und ihrem einzigen Gatten – als diese noch am Leben waren – in Messina, der ältesten Stadt Siziliens, als König Friedrich III.* über die Insel herrschte. Als diese starben, erbte sie Reichtümer von beinahe königlichem Ausmaß, bewahrte sich jedoch ihre würdevolle Ehrbarkeit.

Als der bereits erwähnte Friedrich den Weg allen Fleisches ging und ihm sein Sohn Peter* nachfolgte, wurde in Messina auf königlichen Befehl eine mächtige Flotte unter dem Kommando von Graf Giovanni von Chiaramonte, einem der kriegstüchtigsten Männer jener Zeit, gerüstet, um den belagerten und hungernden Einwohnern von Lipari Hilfe zu leisten. An Bord gingen nicht nur Söldner, sondern auch etliche Hilfstruppen und adelige Freiwillige von der Küste und aus dem Landesinneren, die militärischen Ruhm erlangen wollten. Die Stadt wurde nämlich von Goffredo von Squillace belagert, einem tüchtigen Mann und damals Flottenkommandant im Dienst von Robert*, dem König von Jerusalem und Sizilien. Goffredo hatte die Stadtbewohner durch Sturmangriffe, Belagerungsmaschinen und ständige Blockaden so sehr geschwächt, dass man auf eine baldige Kapitulation hoffte. Als ihm jedoch von seinen Spähtruppen zugetragen wurde, dass sich eine feindliche Flotte näherte, die um einiges größer war als seine eigene, versammelte er all seine Schiffe an einem Ort und wartete in Sicherheit die Entwicklung der Dinge ab. Seine Feinde besetzten umgehend die von ihm verlassenen Stellungen und brachten den Belagerten ungehindert die mitgeführten Hilfsgüter. Der von diesem Erfolg beflügelte Giovanni forderte Goffredo zur Entscheidungsschlacht heraus, was ihm der feurige Mann auch nicht verweigerte. Des Nachts befestigte Goffredo seine Flotte mit Brettern und Türmen, brachte die Schiffe in Kampfformation und traf alle weiteren Vorbereitungen zur Schlacht. Bei Tagesanbruch feuerte er seine Truppen mit einer leidenschaftlichen Rede zum Kampf an, lichtete die Anker und gab Befehl, den Sizilianern entgegenzusegeln. Giovanni aber war es nicht in den Sinn gekommen, dass Goffredo die mächtige sizilianische Flotte angreifen oder auch nur auf sich zukommen lassen würde, und so hatte er seine Schiffe nicht in Schlachtordnung aufgestellt, sondern zur Verfolgung der fliehenden Gegner angeordnet. Als er die Leidenschaft und die Ausrüstung der anstürmenden Feinde bemerkte, verlor er den Mut und begann seine Herausforderung zu bereuen, von der er nicht gedacht hatte, dass sie angenommen werden würde. Auch wenn die Situation ihn innerlich schon verzweifeln ließ, hatte er doch noch genug Mut im Leib und brachte, um nicht gänzlich als Feigling dazustehen, seine Schiffe umgehend, im Rahmen der zeitlichen Möglichkeiten, in Schlachtformation und gab persönlich das Zeichen zum Kampf. Der Feind war schon nahe, trieb unter großem Kriegsgeschrei seine Schiffe in die langsame Flotte der Sizilianer hinein, warf eiserne Widerhaken aus und ging mit Geschossen und Pfeilen als Erstes zum Angriff über. Die Sizilianer zögerten, wie gelähmt von dieser unerwarteten Änderung seiner Taktik, die Soldaten Goffredos aber waren vorbereitet, stürmten los, enterten die feindlichen Schiffe, kämpften Mann gegen Mann mit Schwertern und Händen und tränkten alles mit Blut. Die Sizilianer verloren alle Hoffnung, wendeten, sofern sie konnten, ihre Schiffe und ergriffen die Flucht. Als dann deutlich wurde, dass Goffredo den Sieg davontragen würde, wurden viele Schiffe der Sizilianer versenkt, viele auch als Beute genommen, und nur einige Ruderboote kamen aufgrund der Tüchtigkeit ihrer Ruderer unversehrt davon. Wenige Menschen verloren in diesem Kampf ihr Leben, viele wurden aber verletzt. Der Flottenkommandant Giovanni wurde gefangen genommen, und mit ihm beinahe alle Adeligen, die freiwillig mit an Bord gegangen waren, ebenso wie die meisten Soldaten und Ruderer sowie die Militär- und Flottenabzeichen und die große königliche Standarte, die auf dem Schiff des Kommandanten mitgeführt wurde. Lipari musste schließlich kapitulieren, und die Gefangenen wurden nach langen Irrfahrten auf dem stürmischen Meer in Ketten nach Neapel gebracht und dort ins Gefängnis geworfen.

Unter diesen befand sich auch ein schöner und stattlicher junger Mann namens Roland, der ein Sohn König Friedrichs von einer Konkubine war. Alle Gefangenen wurden irgendwann freigekauft, nur nach ihm wurde nicht gefragt. Und nachdem die anderen nach Zahlung des Lösegeldes fortgegangen waren, blieb er allein und traurig in Gefangenschaft zurück. Denn König Peter, dessen Aufgabe es gewesen wäre, sich um seinen Bruder zu kümmern, hasste ihn und alle anderen, die an der Seeschlacht teilgenommen hatten, weil sie diese inkompetent geführt und gegen seine Befehle gehandelt hatten. Roland lag also gefangen und beinahe ohne jegliche Hoffnung auf Freiheit in seinen Ketten, als Camiola sich seiner erinnerte. Als sie sah, dass keiner seiner Brüder sich um ihn scherte, hatte sie Mitleid mit seinem Unglück und beschloss bei sich, ihm die Freiheit zu schenken, falls dies auf anständige Art und Weise möglich war. Und da sie keinen anderen Weg sah, ihn zu befreien und gleichzeitig ihre Ehre zu wahren, als ihn zum Mann zu nehmen, sandte sie Boten zu ihm, die ihn heimlich befragten, ob er unter dieser Bedingung seine Ketten ablegen wollte, was dieser nur allzu gern bejahte. So gab er ihr unter Wahrung aller rechtlichen Formalitäten mittels eines Bevollmächtigten mit einem Ring als Unterpfand das Eheversprechen. Unverzüglich schickte Camiola zweitausend Unzen Silber als Lösegeld, und er kehrte als freier Mann nach Messina zurück. Er verhielt sich seiner Braut gegenüber jedoch so, als wäre von einer Hochzeit nie die Rede gewesen. Zuerst wunderte sich Camiola nur, als sie schließlich aber bemerkte, wie undankbar dieser Mann war, schlug dies in Empörung um. Da sie jedoch nicht wollte, dass es so aussah, als sei ihr Handeln mehr von Zorn als von Gerechtigkeitsempfinden geleitet, ließ sie ihn zunächst noch freundlich bitten, das heilige Sakrament der Ehe zu vollziehen. Da er aber leugnete, irgendetwas damit zu tun zu haben, brachte sie ihn vor ein Kirchengericht. Und mithilfe von offiziellen Dokumenten und den Zeugenaussagen ehrenwerter Männer wies sie nach, dass er ihr Gatte war. Daraufhin gestand er beschämt die Wahrheit. Und nachdem die Wohltat der Frau ihm gegenüber ans Licht gekommen war, tadelten ihn seine Brüder, und seine Freunde drängten ihn dazu, den Forderungen der Frau nachzukommen und selbst um ihre Hand anzuhalten. Auf seinen Antrag antwortete die großmütige Frau dann im Beisein vieler anderer Leute in etwa mit folgenden Worten:

«Roland, ich habe Gott zu danken, dass du deine Niederträchtigkeit und Ungerechtigkeit offenbart hast, bevor du meine unversehrte Keuschheit unter dem Vorwand der Ehe entehren konntest. Durch die Gnade dieses Gottes, dessen Namen du mit deinem frevlerischen Meineid lächerlich machen wolltest, und mithilfe des Gesetzes habe ich deine Lüge widerlegt, was mir das wichtigste Anliegen in Bezug auf dich und diese Ehe war. Als du noch im Gefängnis saßt, dachtest du wohl, ich hätte vergessen, wo mein Platz sei, wünschte mir verwegen einen Gatten von königlicher Abstammung und sei in weiblichem Verlangen nach deinem schönen Körper entbrannt. Nachdem du dann aber durch mein Geld die Freiheit wiedererlangt hattest, wolltest du dich mit einer Lüge deinen Verpflichtungen entziehen, sie verspotten und verheimlichen und dich, wenn du dein früheres Ansehen wiedererlangt hättest, für eine bessere Gattin aufsparen. Dafür tatest du alles, was in deiner Macht stand. Er, der aus der Höhe auf die Demütigen herabblickt und all jene nicht verlässt, die auf ihn hoffen, erkannte meinen aufrichtigen Sinn und sorgte dafür, dass ich ohne viel Mühe deine Lügengespinste zerriss, deine Undankbarkeit aufdeckte und deine Niedertracht ans Licht brachte. Ich tat das nicht nur, um durch mein Handeln deine Ruchlosigkeit verächtlich zu machen. Nun können auch deine Brüder und alle anderen sehen, wie sehr man dir vertrauen kann, was deine Freunde von dir zu erwarten und deine Feinde von dir zu fürchten haben. Ich habe nur Geld verloren, du aber deinen Ruf; ich nur Hoffnung, du die Gunst des Königs und deiner Freunde. Die sizilianischen Damen bewundern und lobpreisen meine Hochherzigkeit, du bist für alle – ob sie dich kennen oder nicht – zu einer ehrlosen Witzfigur geworden. Eine Zeit lang habe ich mich täuschen lassen: Ich war dumm genug zu glauben, ich hätte mit meinem Geld einen königlichen und vornehmen jungen Mann von seinen Ketten befreit, wohingegen ich einsehen musste, dass ich einem verlogenen Diener, einem treulosen Lüstling, einem grausamen Ungeheuer die Freiheit geschenkt hatte. Und ich will auch nicht, dass du dich für so wichtig hältst und meinst, dass du allein mich zu meiner Tat bewogen hast. Die Erinnerung an die früheren Wohltaten deines Vaters gegenüber meinem brachte mich dazu – wenn denn König Friedrich von heiligem Angedenken wirklich dein Vater ist. Ich kann es kaum glauben, dass ein so ehrloser Sohn von einem so berühmten Fürsten abstammen soll. Du hieltst es für anstößig, dass eine Witwe, die nicht von königlichem Blut war, einen schönen und stattlichen Jüngling aus königlichem Hause zum Mann haben sollte. Das will ich dir sogar zugestehen. Ich möchte aber, dass du mir auf diese Fragen Antwort gibst, wenn du es auf vernünftige Weise vermagst: Als ich glaubte, dich mit meiner Gefälligkeit für mich gewonnen zu haben, als ich dich für sehr viel Geld freigekauft hatte, wo war da deine königliche Pracht? Wo deine unerschöpfliche Stärke, wo der Glanz deines schönen Gesichts? All das wurde von der Dunkelheit der Höhle verborgen, in der du angekettet lagst. Der Schmutz der rostigen Ketten, der Mangel an Licht und der abscheuliche Gestank des Kerkers, in dem du kraftlos und stinkend und von allen vergessen vor dich hin vegetiertest, ließen deine Vorzüge verschwinden, derer du dich jetzt so übermütig rühmst. Damals hieltst du mich nicht nur eines jungen Prinzen für würdig, sondern sogar eines Gottes. Nachdem du entgegen aller Hoffnung den Himmel deines Vaterlands wiedersahst, wie leicht, wie schnell ändertest du, ruchlosester Mann, dein Urteil und vergaßt, als du wieder dein eigener Herr warst, dass ich jene Camiola bin, die als Einzige deiner gedacht, sich als Einzige deines Leides erbarmt und als Einzige ihr Vermögen für deine Rettung ausgegeben hatte! Ich bin Camiola, die dich mit ihrem Geld aus den Händen der Erzfeinde deiner Vorfahren, von deinen Ketten, aus dem Gefängnis und aus höchster Not befreite, die dir wieder Hoffnung gab, als du schon in Verzweiflung vergingst, die dich in deine Heimat zurückbrachte, die deine Königswürde, deinen früheren Glanz wiederherstellte, die dich von einem schwachen, entstellten Gefangenen zu einem starken und ansehnlichen jungen Prinzen machte. Aber wozu rufe ich dir ins Gedächtnis, wessen du dich erinnern müsstest und was du nicht verleugnen kannst? Du erwidertest diese außergewöhnlichen Wohltaten damit, dass du es wagtest, dein Eheversprechen abzustreiten, das durch aufrichtige und ehrbare Zeugen sowie durch offizielle Dokumente gesichert ist; dass du es wagtest, deine Befreierin verächtlich zu machen und dich keinen Deut um sie zu scheren; und dass du es wagtest, ihr noch dazu den Makel eines schändlichen Verdachts anzuheften, wo du es vermochtest. Du Narr schämtest dich, eine Witwe zur Frau zu nehmen, deren Vater dem Ritterstand angehörte. Wie viel mehr hättest du dich schämen müssen, dein gegebenes Wort zu brechen, den heiligen und Furcht gebietenden Namen Gottes in den Dreck zu ziehen und durch deine verfluchte Undankbarkeit die ganze Fülle deiner Laster zu offenbaren! Ich bekenne, dass ich nicht von königlicher Abstammung bin. Doch sollte es nicht weiter verwunderlich sein, dass man königliches Verhalten und königliche Gesinnung annimmt, wenn man wie ich von Kindheit an Umgang mit Prinzessinnen, Königinnen und Schwiegertöchtern von Königen hatte. Das reicht aus, um königlichen Adel zu erlangen.

Aber wozu die vielen Worte? Ich werde es dir dort leicht machen, wo du mir mit all deiner Macht Schwierigkeiten bereitet hast. Du leugnetest, dass du der Meinige seist, obwohl du es warst. Nun, da ich bewiesen habe, dass du der Meinige bist, gestehe ich dir gerne zu, es nicht zu sein. Dein Ruhm mag der eines Königs sein, er ist dennoch mit dem Schandfleck des Verrats besudelt. Behalte deine jugendliche Kraft und deine vergängliche Schönheit für dich. Ich werde mich von nun an mit meinem Witwendasein begnügen. Und das Vermögen, das Gott mir gewährte, werde ich würdigeren Erben hinterlassen als jenen, die du gezeugt haben würdest. Geh denn, unglückseliger junger Mann! Da du dich meiner als unwürdig erwiesen hast, schau nun auf eigene Kosten zu, mit welchen Künsten und Intrigen du andere Frauen zu täuschen vermagst. Es reicht mir, einmal von dir betrogen worden zu sein. Ich will daher nie wieder in deiner Nähe sein, sondern ein Leben in Enthaltsamkeit führen, was meiner Ansicht nach deinen Umarmungen bei Weitem vorzuziehen ist.»

Nachdem sie das gesagt hatte, entzog sie sich seinem Blick und war danach weder durch Bitten noch durch Ermahnungen von ihrem lobenswerten Vorsatz abzubringen. Roland aber war ganz verlegen und begann zu spät, seine Feigheit zu bereuen. Von allen verachtet mied er hängenden Hauptes nicht nur die Blicke seiner Brüder, sondern auch die der einfachen Leute. Ihn ereilte ein elendes Schicksal in der Ferne und er wagte nicht, jene Frau mit rechtlichen Mitteln zurückzufordern, die er mit seiner Täuschung abgewiesen hatte. Der König und die anderen Adeligen bewunderten sehr den großmütigen Sinn der Frau und rühmten sie dafür mit wunderbaren Lobesworten. Sie waren sich jedoch nicht sicher, was lobenswerter war: dass Camiola entgegen dem üblichen weiblichen Geiz den jungen Mann mit so viel Geld freigekauft hatte oder dass sie den Befreiten und Überführten stolz verschmäht und als unwürdig von sich gestoßen hatte.

Von Johanna,
der Königin von Jerusalem
und Sizilien

Johanna*, die Königin von Jerusalem und Sizilien, übertrifft durch ihre Abstammung, ihre Macht und ihre Gesinnung alle anderen Frauen unserer Zeit an Berühmtheit. Es wäre besser gewesen, ganz von ihr zu schweigen, als nur wenige Worte über sie zu schreiben, doch hätte das den Anschein erwecken können, sie wäre aus Abneigung übergangen worden.

Sie ist also die älteste Tochter des erlauchten Fürsten Herzog Karl von Kalabrien, der wiederum der berühmte erstgeborene Sohn von Robert*, dem seligen König von Jerusalem und Sizilien, war, und der Maria, der Schwester Philipps, des Königs von Frankreich. Wollten wir die Ahnenreihe ihrer Eltern bis zum Anfang zurückverfolgen, würden wir über zahllose Generationen von Königen bei Dardanos angelangen, dem ersten Gründer von Ilion, dessen Vater den antiken Quellen zufolge Jupiter gewesen sein soll. Dieses alte und vornehme Geschlecht brachte so viele ruhmreiche Fürsten hervor, dass es wohl keinen König der Christenheit gibt, der nicht mit ihm blutsverwandt oder verschwägert wäre. Kein Adelsgeschlecht erstrahlte je in hellerem Glanz, weder zu Zeiten unserer Väter noch in unserer eigenen Generation.

Johannas Vater Karl starb eines vorzeitigen Todes, als sie noch ein kleines Kind war, und da ihr Großvater Robert keine weiteren männlichen Nachkommen hatte, befahl er, dass sie bei seinem Tod die rechtmäßige Erbin des Reichs sein sollte. Und das gewaltige Erbe, das ihr dann zufiel, liegt nicht in den ausgedörrten Landstrichen des Südens oder den eisigen Gebieten der Sauromaten* am Nordpol, sondern umfasst die milden Gegenden zwischen der Adria und dem Tyrrhenischen Meer von Umbrien, Picenum* und der alten Heimat der Volsker* bis zur Meerenge von Sizilien. Innerhalb der Grenzen ihres Reiches leben als Untertanen die alten Kampaner, die Lukaner*, Bruttier, Salentiner, Kalabrier, Daunier und Vestiner sowie die Samnier, Päligner, Marser und viele andere Völkerschaften, ganz zu schweigen von ihren größeren Besitztümern wie dem Königreich von Jerusalem, der Insel Sizilien und den Ländereien von Piemont in Gallia Cisalpina, die nun jedoch unrechtmäßig von Usurpatoren besetzt gehalten werden. Auch die Einwohner der Provence zwischen Gallia Narbonensis, der Rhône und den Alpen und jene der Grafschaft Forcalquier* folgen ihren Befehlen und erkennen sie als Herrin und Königin an.

Wie viele berühmte Städte in diesen Gebieten liegen, wie viele bedeutende Burgen, wie viele Meeresbuchten und Zufluchtsstätten für Seefahrer, wie viele Häfen, wie viele Seen, wie viele Heilquellen, wie viele Wälder, Haine, Weiden, liebliche Auen und saftige Wiesen! Wie viele zahllose Völkerschaften, wie viele vornehme Fürsten! Und auch wie viel Reichtum und Überfluss an allen Dingen, die für den Lebensunterhalt notwendig sind! All dies ließe sich nicht leicht in Worte fassen.

Da es nicht üblich ist, dass ein Reich von so außergewöhnlicher Größe von einer Frau regiert wird, ist dies bei näherer Betrachtung ebenso ein Anlass zum Staunen wie zum Lobpreisen. Und was noch weitaus bewunderungswürdiger ist: Ihr Gemüt ist das einer Herrscherin, und rein bewahrt sie den Geist ihrer Vorfahren. Denn nachdem sie mit dem königlichen Diadem geschmückt wurde, zeigte sie ihre Tugendhaftigkeit und Tatkraft und säuberte nicht nur Städte und bewohnte Gebiete, sondern auch die Alpen, entlegene Schluchten, Wälder und Höhlen so streng von Banditen, dass diese erschrocken die Flucht ergriffen oder sich hoch in den Bergen verschanzten. Sie entsandte einen Trupp Soldaten unter dem Befehl eines tapferen Kommandanten und ließ diese grässlichen Leute so lange belagern, bis deren Bollwerke erobert und sie ihrer gerechten Strafe zugeführt worden waren, was die Könige vor ihr entweder nicht gewollt oder nicht vermocht hatten. In den von ihr beherrschten Gebieten sorgte sie dafür, dass nicht nur Arme, sondern auch Reiche Tag und Nacht sicher und furchtlos ihrer Wege gehen können. Und, was nicht weniger heilsam ist, sie brachte die Großen und Vornehmen des Reiches zur Mäßigung und wandte deren zügelloses Verhalten zum Besseren, sodass jene, die einst die Könige verachtet hatten, ihren früheren Hochmut ablegten und heute vor Johannas zornigem Antlitz zittern. Zudem ist sie so scharfsinnig, dass niemand sie auf intellektueller Ebene täuschen könnte – dies wäre allein mithilfe von Betrug möglich. Ihre Freigebigkeit entspricht mehr der eines Königs als der einer Frau. Auch zeigt sie sich dankbar für Gehorsamkeit und vergisst diese nicht. Sie ist großmütig und so charakterstark, dass man einen von ihr gefassten Vorsatz nicht leicht vereiteln könnte – was die Anfechtungen des gegen sie wütenden Schicksals schon längst zur Genüge gezeigt haben, die sie oft heftig erschütterten, in Mitleidenschaft zogen und nicht zur Ruhe kommen ließen. Denn sie hatte im Inneren die Zwietracht ihrer königlichen Brüder und im Äußeren Kriege zu erdulden, die bisweilen auch im Herzen ihres Reiches tobten. Wegen der Verbrechen Anderer musste sie auch Flucht und

Exil ertragen sowie das grimmige Verhalten ihrer Ehemänner, den Neid der Adeligen, einen unverdienten schlechten Ruf, Drohungen der Päpste und vieles andere, das sie alles tapfer auf sich nahm. Unerschütterlich und aufrechten Hauptes behielt sie in all diesem die Oberhand: große Taten fürwahr, nicht nur für eine Frau, sondern auch für einen starken und mächtigen König! Darüber hinaus verfügt sie über eine sehenswerte heitere Schönheit, eine gemäßigte Ausdrucksweise und eine Redegewandtheit, die alle bezaubert. Und wie sie unbeugsame königliche Erhabenheit zeigen kann, wenn es die Umstände erfordern, so gibt sie sich auch nahbar und menschlich, liebevoll, sanft und gütig, sodass man sie nicht für die Königin, sondern für die Freundin ihrer Untertanen halten möchte. Was mehr könnte man vom weisesten König verlangen? Wollte man die ganze Redlichkeit ihres Geistes vollständig beschreiben, würde dies ein äußerst langer Vortrag werden. Aus diesem Grund: Ich halte sie nicht nur für ehrenvoll und ausgezeichnet durch ihren glänzenden Ruhm, sondern auch für eine einzigartige Zierde Italiens, wie man sie bislang in keinem anderen Land gesehen hat.

Schlusswort

Wir sind ja nun bei den Frauen unserer Zeit angekommen, unter denen es glänzende Persönlichkeiten so überaus selten gibt, dass ich es für besser erachte, meinem Vorhaben hier ein Ende zu setzen, als mit den heutigen Frauen fortzufahren – zumal eine so ruhmreiche Königin aufs Vorzüglichste beschließt, was Eva, die erste Mutter aller Menschen, eröffnet hatte.

Ich bin mir natürlich bewusst, dass es jetzt auch Leute geben wird, die meinen, ich habe viele Frauen übergangen. Daneben wird es auch andere geben, die vielleicht zu Recht einwenden, man hätte gewisse Dinge weglassen sollen. Ersteren würde ich demütig zur Antwort geben: Ja, ich gebe gerne zu, dass ich viele übergangen habe. Ich konnte nicht alle Frauen erwähnen, da die meisten von ihnen im Fluss der Zeit, die über den Ruhm triumphiert, untergegangen sind. Auch war es mir nicht möglich, alle Übriggebliebenen zu untersuchen. Und bei den mir Bekannten diente mir mein Gedächtnis nicht immer in dem Maße, wie ich gewollt hätte. Man soll mich jedoch auch nicht für völlig vergesslich halten und kann mir glauben, dass ich die meisten bewusst weggelassen habe – seien es Barbarinnen, Griechinnen oder Römerinnen, seien es die Gattinnen von Kaisern oder Königen. Freilich habe ich über unzählige Frauen gelesen und weiß von ihren Taten, doch hatte ich nicht die Absicht, sie alle zu beschreiben, als ich zur Schreibfeder griff. Wie ich am Anfang meines Büchleins beteuerte, wollte ich nur einige aus der großen Masse auswählen und vorstellen. Da ich dies angemessen ausgeführt zu haben glaube, scheint mir die Kritik unnötig.

Den anderen Kritikern aber soll gesagt sein: Es ist möglich und kann leicht passiert sein, dass manches zu Unrecht aufgenommen wurde. Denn nicht nur Unwissenheit kann einen Autor oft in die Irre führen, sondern auch eine allzu große Hingabe an sein Werk. Wenn dies bei mir der Fall war, tut es mir leid und ich bitte – im Namen der Ehrwürdigkeit aufrichtiger Wissenschaft – alle besser Informierten, großmütig über jene Teile hinwegzusehen, die weniger gut gelungen sind. Und wenn jene über einen wohltätigen Sinn verfügen, mögen sie das unzulänglich Geschriebene durch Zusätze oder Streichungen korrigieren und verbessern, damit mein Buch irgendjemandem zum Guten gereichen kann, anstatt von den Mäulern der Missgünstigen zerrissen zu werden und ungenützt in Vergessenheit zu geraten.

Zur Text- und Bildauswahl

Von den insgesamt 106 Frauenporträts des Originalwerks wurden für die vorliegende Ausgabe die 31 unterhaltsamsten, kuriosesten und berührendsten ausgesucht, die zudem eine repräsentative Auswahl von Griechinnen, Römerinnen und «Barbarinnen» bieten. Die beiden letzten vorgestellten Damen, Camiola und Johanna von Anjou, wurden auch deshalb mit aufgenommen, um die Nähe des Werkes zu Boccaccios eigener Lebensrealität und vor allem zu seinem «Decamerone» vor Augen zu führen. Die Anordnung der Porträts folgt der implizierten chronologischen Reihenfolge des Originals.

Als Grundlage für die Übersetzung diente die kritische Edition des lateinischen Textes von Vittorio Zaccaria, *De mulieribus claris*, Tutte le opere di Giovanni Boccaccio, a cura di Vittore Branca, Volume X, Arnoldo Mondadori Editore, Mailand 1970².

Sofern dort vorhanden, wurden die Holzschnitte aus dem Erstdruck der frühneuhochdeutschen Übersetzung (Steinhöwel 1473) verwendet.

Martin Hallmannsecker

Erläuterungen

AGRIPPINA: Vierte Ehefrau von Kaiser Claudius, galt als ruchlose Machtpolitikerin, ihr Sohn, Kaiser Nero, ließ sie ermorden.

AIAKIDEN: Herrschergeschlecht von Epiros, benannt nach Aiakos, einem Sohn des Zeus, dessen Urenkel Neoptolemos/Pyrrhos, der Sohn des Achill, als Begründer der Dynastie galt.

AMPHION: Sohn des Zeus, soll mit seinem Leierspiel Steine verzaubert haben, die daraufhin Theben mit einer Mauer umgaben.

ANDREA ACCIAIUOLI: Hofdame JOHANNAS I. VON ANJOU, in zweiter Ehe verheiratet mit dem Grafen von Altavilla, Schwester von Niccolò Acciaiuoli, dem Großmarschall des Königreichs Neapel, der auch mit Petrarca und Boccaccio in Kontakt stand.

ARACHNE AUS KOLOPHON: Übertraf Minerva/Athena mit ihrer Webkunst, woraufhin sie von dieser aus Rache in eine Spinne (altgriechisch = *arachnē*) verwandelt wurde.

ASPHALTSEE: Antiker Name für das Tote Meer.

BAKTRIEN: Gebiet im Nordosten des heutigen Iran.

BRUTUS: Soll nach dem Selbstmord Lucretias den Sturz seines Onkels TARQUINIUS SUPERBUS betrieben haben, gilt als Mitbegründer der Römischen Republik und soll zusammen mit Collatinus deren erster Konsul gewesen sein.

DEZEMVIRN: Zehnköpfiges Priesterkollegium, das für die Auslegung der SIBYLLINISCHEN BÜCHER zuständig war.

FIRMUM PICENUM: Stadt an der Adriaküste im PICENUM, heute Fermo in der Region Marken.

FORCALQUIER: Grafschaft in der Provence ca. 100 km nordöstlich von Marseille.

FRIEDRICH III.: Eigentlich Friedrich II., König von Sizilien 1296–1337.

HESIONE: Schwester des Trojanerkönigs Priamos, von TELAMON geraubt. Manche Quellen führen dies als Grund für die Entführung Helenas durch den Trojanerprinzen Paris an.

JOHANNA: Johanna I. von Anjou, regierte 1343–1382 als Königin von Neapel, Titularkönigin von Jerusalem und Sizilien, während ihrer Regierungszeit verfasste Boccaccio «De mulieribus claris».

KASSANDER: Einer der makedonischen Generäle, die nach dem Tod Alexanders des Großen um die Macht rangen, wurde kurzzeitig König von Makedonien.

KASTALISCHE QUELLE: Quelle im berühmten Apoll-Heiligtum von Delphi, ihr Wasser soll dichterische Inspiration und hellseherische Fähigkeiten befördert haben.

KLEINE SYRTE: Mittelmeerbucht im Südosten Tunesiens, der heutige Golf von Gabès.

KROTON: Griechische Stadt in Süditalien, heute Crotone in Kalabrien.

LAODIKEIA: Stadt im Norden der heutigen Türkei an der Küste des Schwarzen Meeres.

LAVINIA: Tochter des Latinus, ursprünglich dem RUTULER-König Turnus versprochen, dann aber von Aeneas zur Frau genommen.

LUKANIEN, LUKANER: Antike Landschaft bzw. Volk in der heutigen Basilicata in Süditalien.

LYKOPHRON: Hellenistischer Dichter, von dem nur das obskure Langgedicht «Alexandra» erhalten ist.

MITHRIDATES DER GROSSE: König von Pontos ca. 120–63 v. Chr., expandierte weit über sein Herrschaftsgebiet im Schwarzmeerraum hinaus, erbitterter Feind der Römer.

MOLOSSER: Antiker Volksstamm in Epiros in Nordwestgriechenland.

NIMROD: Im Alten Testament erwähnter mythischer Gründer Babylons und anderer Städte Babyloniens.

NUMA POMPILIUS: Zweiter mythischer König Roms nach Romulus, soll Sakralgesetze und den Staatskult in Rom eingeführt haben.

NUMANTIA: Stadt im nördlichen Zentralspanien, wurde im Numantinischen Krieg 143–133 v. Chr. von den Römern belagert und unter dem Kommando von Gaius Scipio Aemilianus Africanus, der bereits Karthago vernichtend geschlagen hatte, völlig zerstört.

OGYGES: siehe OGYGIA.

OGYGIA: Poetischer Name für die Stadt Theben, nach ihrem mythischen König Ogyges.

OIBALIA: Poetischer Name für die Stadt Sparta, nach ihrem mythischen König Oibalos.

PALAMEDES: Sohn des Nauplios, Teilnehmer am Trojanischen Krieg, wurde aufgrund einer List des Odysseus vor Troja von den Griechen gesteinigt.

PETER: Peter II., Sohn von FRIEDRICH III., König von Sizilien 1337–1342.

PICENUM: Stammesgebiet des antiken Volkes der Picener an der mittleren Adriaküste in der heutigen Region Marken; diese verfügten über eine ausgeprägte materielle Kultur und eine eigene Sprache.

PRIVERNUM: Hauptort der VOLSKER, heute Priverno in der Region Latium.

PSYLLER: Antikes Volk an der Küste Nordafrikas im heutigen Libyen, bekannt für seine Heilkünste.

ROBERT: Robert von Anjou, regierte 1309–1343 als König von Neapel, Titularkönig von Jerusalem und Sizilien, Großvater von JOHANNA I. VON ANJOU.

RUTULER: Antikes Volk an der Küste südlich von Rom um die Stadt Ardea.

SATURN: Römische Gottheit, identifiziert mit dem griechischen Kronos, von seinem eigenen Sohn Jupiter/Zeus entthront, als Zivilisationsstifter und Gott des Ackerbaus verehrt.

SAUROMATEN: Auch Sarmaten, antike Nomadenstämme iranischen Ursprungs, die in den Steppen nördlich des Kaukasus lebten.

SENAAR: Auch Schinar, in der Bibel vermutlich Bezeichnung für Mesopotamien.

SIBYLLINISCHE BÜCHER: Sammlung von griechischen Orakelsprüchen, die in Rom auf Beschluss des Senats in Notzeiten konsultiert wurden.

TARQUINIUS SUPERBUS: In der römischen Tradition der siebte und letzte König Roms, dessen Sturz durch seinen Neffen BRUTUS als Befreiung von einem Tyrannen dargestellt wurde.

TELAMON: Griechischer Held und König der Insel Salamis, als Sohn des Aiakos ein Onkel des Achill, hatte die Trojanerin HESIONE als Kriegsbeute geraubt.

TEUKRER: Andere Bezeichnung für die Trojaner, nach ihrem mythischen Stammvater Teukros.

TRITONISCHER SEE: Vermutlich der heutige Salzsee Chott-el-Jérid im Süden Tunesiens.

TRIVIUM: Grammatik, Dialektik und Rhetorik als die drei sprachlichen Disziplinen, die zusammen mit dem Quadrivium (den vier mathematischen Disziplinen Arithmetik, Geometrie, Musik und Astronomie) als die sieben freien Künste den traditionellen mittelalterlichen Bildungskanon darstellten.

VALERIA MESSALINA: Dritte Ehefrau von Kaiser Claudius, war schon in der Antike – vermutlich zu Unrecht – als habgierig und wollüstig verrufen.

VOLSKER: Antikes Volk in Latium südöstlich von Rom.

Vollständige Liste aller Porträts
in «De mulieribus claris»

Die für diesen Band ausgewählten Texte sind kursiv gesetzt.

Nachwort

Von Kia Vahland

Wie viele Frauen? Diese Frage ist noch heute virulent. Wer sich im Vorstand, in der Parteispitze, bei Literaturpreisträgern oder auch nur im Kommunalparlament mit einer Gruppe Anzugträgern präsentiert, aufgereiht im Gruppenfoto, macht sich der Monotonie verdächtig. Eine oder zwei vereinzelte Frauen dazwischen reißen es nicht heraus. Um Unterschiede zu bemerken, Vielfalt zu zeigen, braucht es viele unterschiedliche Frauen. Ansonsten wäre die katholische Kirche mit ihrem Marienkult Vorreiterin in Sachen weiblicher Sichtbarkeit.

Wer den Frauen gerecht werden, ihre Leistungen und Charaktere anerkennen, sie lieben oder fürchten will, braucht mehr als eine. 106 große Frauen trieb Giovanni Boccaccio auf für sein kurz vor seinem Tod 1375 erschienenes Spätwerk «De mulieribus claris», die erste einflussreiche Biografiensammlung berühmter, teils fiktiver, teils realer Frauengestalten. Die 31 schönsten Geschichten versammelt dieser Band.

Schon die Anzahl an gesammelten weiblichen Lebensgeschichten macht Boccaccios Unterfangen so besonders. Zwar unterstellt auch er, wie in seiner Zeit üblich, dass es so etwas wie ein weibliches Gemüt gebe, das dem männlichen tendenziell unterlegen sei. Doch in seinen Erzählungen wird eben kein Kollektivcharakter verhandelt, sondern es treten Persönlichkeiten auf, die unterschiedlich denken und fühlen, handeln und auf Schicksalsschläge reagieren. Immer spielen die Lebensumstände eine Rolle, und doch hängt es von der Einzelnen ab, was sie aus diesen macht.

Es ergibt sich ein im 14. Jahrhundert keineswegs selbstverständlicher Gesamteindruck: Frauen haben ihren eigenen Willen. Sie mögen es schwer haben, schwerer auch als die Männer ihrer Zeit – aber es macht einen Unterschied, wie sie sich in dieser oder jener Lebenslage entscheiden. Boccaccio, der auf Petrarcas nach 1351 fertiggestellte, betont maskuline Vitensammlung «De viris illustribus» reagiert, erkennt die Wirkmächtigkeit der Frauen an; erst aus dieser ergibt sich der Spannungsbogen seiner Erzählungen.

Eine Frau aber, die all seinen Zeitgenossen ein Begriff ist, fehlt in Boccaccios Sammlung von Berühmtheiten: Maria. Vielleicht ist sie zu gut, zu erhaben, zu kantenfrei und perfekt. Vielleicht fürchtete der Autor auch, sein Lästermaul nicht halten zu können, was sich im Fall der Muttergottes selbst ihm verböte. Überhaupt hält er sich, mit einigen Ausnahmen, von Jüdinnen und Christinnen fern. «Heidinnen» zu beschreiben erlaubt ihm nicht nur den Anschluss an Plutarch, der ebenfalls Frauengeschichten der Antike in Prosa aufschrieb, sondern auch eine Freiheit der Darstellung, die Fehler, Laster, Dilemmata und Verbrechen einschließt. Der erzählerische Reiz gerade der menschlichen Schwächen reißt Boccaccio immer wieder mit – um ihn dann diese oder jene böse Tat, diese oder jene schlechte Eigenschaft einer Person pflichtschuldig verdammen zu lassen.

Gleich im Vorwort nimmt der Autor den Vorwurf vorweg, nicht nur Tugendexemplare ausgesucht zu haben, sondern allerlei Sünderinnen und in Größe Gescheiterten die Bühne zu bieten. Das ist in einer Zeit, in der Frauen zumeist ausschließlich an ihrer Keuschheit, ihrer Frömmigkeit und ihrem Gehorsam Männern gegenüber gemessen werden, ein unumgänglicher Einwand – zumal Boccaccio sein Buch gerade einem weiblichen Publikum zur Lektüre empfiehlt. Der Autor rechtfertigt sich damit, auch von einem schlechten Beispiel könne man lernen. Nur weil auch Frauen eigenmächtig handeln, weil auch sie eine innere Freiheit haben, die ihnen niemand nehmen kann, lässt sich mit der angeblichen pädagogischen Funktion von Literatur argumentieren. In dieser Vorannahme zeigt sich Boccaccio als früher Humanist, und zwar als einer, der von sich selbst und dem eigenen Geschlecht abstrahieren kann und so in der Lage ist, sich ein Stück weit in das andere hineinzuversetzen. Mehr noch als den Frauen zeigt er seinen männlichen Lesern, wie horizonterweiternd, heiter und genüsslich ein Blick über den Rand der eigenen Privilegien hinaus sein kann.

Weil die Frauen sich eben dank ihres gottgegebenen Willens mal so, mal so verhalten, erlaubt sich der Autor, die Heldinnen seiner Wahl nicht nur wertzuschätzen, sondern auch zu werten. Ja, dabei erhebt er sich über die Damen, manchmal durchaus selbstgerecht. Das aber ist seine Art, dem Rätsel, das die Frauen ihm aufzugeben scheinen, irgendwie beikommen zu wollen und zu verstehen, was sie voneinander und von den Männern unterscheiden mag.

Bisweilen verrät er in seinen Urteilen mehr über sich als über seine Protagonistinnen. Was das Reden über Frauen verkompliziert, ist aus damaliger männlicher Sicht das Begehren, das ständig mit sozialen Normen in Konflikt gerät. Das Tugendideal in den spätmittelalterlichen Gesellschaften Italiens ist unerbittlich. Noch in der Renaissance kursieren Benimmbücher, die Mädchen beibringen, keinem Mann außerhalb der Familie in die Augen zu schauen und den Blick stets gesenkt zu halten. In Florenz dürfen viele unverheiratete Mädchen aus gutem Haus nur zum Kirchgang ins Freie. Das aber bedeutet auch für arrivierte Männer: Der Eros wird eingehegt. Ihre Affären mit Rangniederen, Dienerinnen etwa, werden geduldet, ebenso die Prostitution. Ehen werden von den Familien arrangiert. Romantik ist nicht vorgesehen – das Bedürfnis nach auch emotionaler Intimität muss in die Dichtung abwandern.

Es ist Boccaccios Freund Francesco Petrarca, der den Zusammenhang von Liebe und Literatur auskostet, zelebriert und erleidet wie kein anderer Dichter zuvor. Sein *canzoniere* huldigt der für das lyrische Ich unerreichbaren Laura, und er huldigt nicht minder dem eigenen Vermögen, Zuneigung und Leidenschaft, Schmerz und Verzweiflung zu erleben und zu beschreiben und sich so selbst als fühlende und denkende Persönlichkeit zu erfahren.

Wo Petrarca das Dilemma von Tugendideal und Liebessehnsucht nicht auflöst (und dies auch gar nicht könnte, ohne neben dem Ruf der Geliebten auch sein eigenes Werk zu gefährden), da findet Boccaccio sehr menschliche Auswege. Sein Medium dafür ist wie im deftig-detailreichen «Decamerone» die landessprachliche Novelle oder eben wie im späteren lateinischen Werk «De mulieribus claris» die freudig erzählte Vita.

Anders als in Petrarcas in Ich-Form verfassten Sonetten kann Boccaccios Erzählkunst ausbuchstabieren, wie das Begehren sich doch erfüllen lässt: indem die Frau selbst ihren Wünschen nachgibt und diesen oder jenen Verehrer oder gleich mehrere neben- und nacheinander erhört. Es ist ja kein Ich-Erzähler, der sich hier versündigte und Rückschlüsse auf das Autorenleben zuließe, sondern es sind die moralisch dann doch nicht gefestigten Frauen, die der Versuchung erliegen. Während Boccaccio von ihren Abenteuern berichtet, kann er seine Anerkennung kaum verhehlen; seine anteilnehmende Erzählweise schreit: So ist das Leben nun einmal, schaut her. Erst im Anschluss verurteilt er die Wollust und auch die Machtgier seiner Heldinnen und schafft es so, dass seine Schrift trotz all der Ungeheuerlichkeiten, von denen sie handelt, bald zum unumstrittenen und im 15. Jahrhundert vielfach übersetzten und illustrierten Klassiker wird.

Neben der Liebe treibt die Politik etliche von Boccaccios Heroinen um, offenbar hat er in der Historie, den Mythen und Legenden gezielt nach Feldherrinnen, Herrscherinnen, legalen und illegalen Regentinnen gesucht. Zenobia, die mehrsprachige Königin von Palmyra, schläft unter freiem Himmel, bringt wilden Tieren das Fürchten bei und säuft mit ihren Generälen. Und Semiramis, Königin der Assyrer, führt Boccaccios Leserschaft vor Augen, «dass es beim Herrschen nicht auf das Geschlecht, sondern auf den Charakter ankommt». Demonstrativ unterbricht sie für eine Belagerung einen Frisiertermin und marschiert mit halboffenem Zopf los, als Führungskraft weiß sie Prioritäten zu setzen. Dann aber wird Semiramis bei Boccaccio zügellos und schläft nicht nur mit zahlreichen Verehrern, sondern auch mit dem eigenen Sohn. Und die erst so erfolgreiche Päpstin Johanna verrät ihr biologisches Geschlecht am Ende durch Schwangerschaft und Geburt, weil sie zwar die Christenheit, nicht aber ihre Lust im Griff hat. Der Typus der Kriegerin und siegreichen Herrscherin gerät dem Autor immer wieder zu einer *femme fatale avant la lettre*, zur Person, die nicht nur militärisch und politisch, sondern auch erotisch Angst machen kann.

Dabei hat der Autor es nicht nötig, seiner sinnlichen Faszination Herr zu werden, indem er die innovativen Leistungen der Frauen zu schmälern versucht. Carmenta erfindet bei Boccaccio die lateinische Schrift, Dido gründet Karthago, Minerva kreiert das Olivenöl.

Boccaccio provoziert mit diesen Beispielen gerne seine Leserinnen, denen er vorwirft, es sich zu bequem einzurichten in der passiven Rolle, während andere als Macherinnen Bleibendes schaffen. Und den männlichen Lesern hält er vor, wie es denn mit der Überlegenheit ihres Geschlechts stünde, wenn einige Frauen Dinge vollbrächten, von denen die meisten Männer nicht zu träumen wagten.

Schon im Vorwort staunt der Schriftsteller über Frauen, «die über einen großen, aber gefährlichen Geist verfügten». Besonders die überlieferten sprachlichen und künstlerischen Leistungen von Frauen bewundert Boccaccio. Sappho entzückt ihn mit dem «Feuer ihres Geistes», Hortensia brilliert mit ihrem rhetorischen Geschick vor Gericht durch «kunstvolle und elegante Beredsamkeit», Proba studiert und vermittelt vorbildlich die heiligen Schriften, Cornificias Epigramme strotzen vor «poetischer Gelehrsamkeit». Die Künstlerin Thamaris wird für ihr Diana-Bildnis verehrt, ihre Kollegin Marcia hat es mit Bildern von Frauen verdientermaßen zu Geld gebracht. Hier spricht der Denker und Dichter Boccaccio als Kollege, nicht als Konkurrent.

Die Selbstverständlichkeit, mit welcher er die Talente der Denkerinnen, Dichterinnen und Künstlerinnen preist, wird über Jahrhunderte ihresgleichen suchen. Folgenlos aber bleibt sie nicht. In der Renaissance schmähen zwar bekannte Autoren wie Leon Battista Alberti Frauen, die ihnen nur als Gebärgefäße nützlich erscheinen, andere aber wie Pietro

Bembo und Leonardo da Vinci profilieren sich als Frauen-
freunde, die weibliche Klugheit und Schönheit gleicherma-
ßen anerkennen. Im anbrechenden 15. Jahrhundert nutzt die
in Frankreich wirkende Philosophin und Verfechterin weiblicher Interessen Christine de Pizan Boccaccios «De mulieribus
claris» als Steinbruch für ihr Hauptwerk «Le Livre de la Cité
des Dames». Auch in Italien treten vereinzelt im 15. Jahrhundert, entschiedener im 16. Jahrhundert gebildete Frauen auf:
einflussreiche Dichterinnen und Publizistinnen, die bis zur
Gegenreformation in ihrer gelehrten Frömmigkeit auch als
Verhaltensvorbilder gelten. Solch prominente *donne di lettere*
sind Giulia Gonzaga und Vittoria Colonna, die in Mittelitalien
zeitgleich zur Reformation wagemutig die innerkatholische
Reformbewegung vorantreiben.

Es gibt sie, die weibliche Intelligenzija der Frühen Neuzeit
Europas. Und man darf vermuten, dass die Damen bei Boccaccio nachlasen, wie Sappho sich in den Literaturkanon ein-
schrieb und welche Standhaftigkeit die Prostituierte Leaina
an den Tag legte, als sie sich ihre Zunge abbiss, um ihre
Freunde nicht zu verraten.

Boccaccio spricht als Mann, es blieb und bleibt den Leserinnen und Autorinnen überlassen, eine eigene Sprache un-
abhängig von seinen Annahmen und Urteilen (und denen
anderer Männer) zu finden. Sich selbst aber als willensstark,
kreativ, potentiell einflussreich, vielleicht auch als lustvoll
und gefährlich wahrzunehmen, dazu konnte Boccaccios fan-
tastisch anmutende Biografiensammlung schon in der Renaissance ermutigen.

Dieser Mann aus dem 14. Jahrhundert ist in manchem, was
ihm zu denken und schreiben einfällt, moderner als die Mo-
derne, der es in der kollektiven Fantasie an Göttinnen und

Päpstinnen, an Feldherrinnen, Entscheiderinnen, Liebhaberinnen sowie anerkannten weiblichen Genies so schmerzhaft mangelt. Boccaccios weibliche Rollenmodelle beschränken sich nicht auf die Heilige und die Hure, die reine Heldin und das armselige Opfer, sie sind vielfältig und vielseitig, vor allem aber sind seine Protagonistinnen: unübersehbar. Der Autor kennt die Ambivalenzen der Welt, der Liebe und der Politik sowie die imaginären Möglichkeiten der Literatur. Deshalb brauchte er so viele Frauen, und deshalb brauchen Männer und Frauen ihn.

Giovanni Boccaccio, 1313 in oder bei Florenz geboren, gestorben am 21. Dezember 1375 in Certaldo bei Florenz, ist neben Francesco Petrarca und Dante Alighieri der bedeutendste Dichter und Humanist Italiens.

Martin Hallmannsecker ist Althistoriker und Übersetzer. Die Übersetzung wurde gefördert durch ein Arbeitsstipendium des Deutschen Übersetzerfonds.

Kia Vahland ist Kunsthistorikerin sowie Meinungsredakteurin und Kunstkritikerin bei der *Süddeutschen Zeitung.*